谷本真由美

脱・暴走老人

英国に学ぶ「成熟社会」のシニアライフ

朝日出版社

はじめに

日本ではここ数年ほど、暴走する老人たちがメディアを賑わせることが増えてきました。ここで言う暴走する老人とは、お店や公共交通機関で店員や係員に無理難題を言って困らせたり、並んでいる列に割り込んできたり、若い人を突然怒鳴りつけたり、見ず知らずの人や身内に暴言を吐いたりする高齢者のことです。

20年ほど前まで、こういった高齢者は日本では大変珍しい存在でした。お年寄りというのはいつもたいていニコニコしていて穏やかな人が多かったからです。中には何かにつけて大声で怒鳴りつけるカミナリ親父的な高齢者もいましたが、そういった人はむしろ少数派でした。

世界的に見ても高齢化が最も進んでいる日本では、老人の数が年々増えています。ところが、高齢者の数が増えるにつれて、このような横暴な振る舞いをする老人が目立つようになってきたのです。

私は日本と欧州を往復して暮らしていますが、ひとつ気がついたことがあります。ヨーロッパの国々にはなぜか日本で話題になるような暴走する高齢者がいないのです。もちろん、機嫌の悪いお年寄りや文句を言ってくる高齢者というのは存在しますが、その横暴さの度合いや頻度はどう考えても日本の方が上なのです。

多くの国に比べて日本という国は大変豊かで、インフラは非常によく整備されており、環境汚染は少なく、治安の良さはおそらく世界トップレベルです。手頃な値段で外食でき、衣料品や文房具なども安くて良いものが溢れています。他の先進国では物価が高く、外食などは国によっては日本の2倍から3倍かかるため、日本のように気軽に外食や買い物を楽しむことはできません。日本は役所や民間の店のサービスの質も素晴らしく、チップや賄賂がなくても的確なサービスを瞬時に受けることができます。これは他国の人間の感覚からすると、まるで手品のようです。

日本は医療制度が整っており、自己負担はあるものの、治療を受けたいときにはすぐに医師に診察してもらえますし、手術を待つこともそれほどありません。先進国であってもこれほど医療サービスが充実している国はほとんどありません。

また、南北に細長い島であるため、気候や風景も変化に富んでいて、山も海もあるという大変珍しい国です。全体としては気候が温暖ですから、地場産の食べ物もたくさんあります。

これほど恵まれている国なのに、日本の高齢者は暴走してしまうのです。なぜ見ず知らずの人に無理難題を言って困らせるのでしょうか。なぜ若い人に暴力を振るうのでしょうか。そんな日本の老人と欧州のお年寄りはいったい何が違うのでしょうか。

本書ではまず、日本の高齢者の置かれている状況を観察し、彼らが暴走してしまう背景を見ていきます。次に、欧州の高齢者を取り巻く状況を住環境や社会環境などさまざまな面から分析していきます。そして両者を比較しながら、なぜ欧州の高齢者が暴走しないのかということについて考えていきます。

また後半の章では、老後を楽しく過ごすためのヒントや資産形成のノウハウを欧州のお年寄りたちに学び、どうすれば「暴走老人」にならないかを考えていきたいと思います。

目次

はじめに 3

第1章 なぜ日本の老人は暴走してしまうのか？

炊飯器売り場で激怒する日本の老人 14
増える高齢者の犯罪 16
かつて穏やかだったはずの老人たち 17
居場所がなくなる辛さ 19
現役時代とのギャップ 21
年をとることをネガティブに捉える日本人 23
なぜ日本人は年齢を気にするのか 25
従来の老人の枠で捉えてはいけない 28
若づくりを揶揄する風潮 30
予定調和の上に成り立った社会 33

マスコミの功罪 34
欧米では「老い＝悪」ではない 38

第2章 社会の狭間で苦悩する日本の老人

老人が行く場所がない?! 44
お年寄りに優しくないインフラ 46
老人を無視し、世代間の対立を煽るメディア 49
高齢者を代表する団体がない 52
老人の力を活用するために 56
生活が楽ではない日本の老人 59
意外と少ない年金 60
税金、健康保険料、医療費の不安 62
物価が年金世帯を直撃 65
体力や認知機能の低下 67
死と老いの恐怖 69

コラム❶ 高齢者の犯罪と、要介護の家族を抱えた高齢者の苦悩 72

第3章 暴走老人のいないヨーロッパ

なぜ欧州の老人は暴走しないのか 76
歩いて暮らせる町 77
アメリカでは車がないと暮らせない 80
なぜ日本は買い物難民を生むのか 82
ヨーロッパでは個人商店が健在 85
金融街のすぐそばに青空市場があるイギリス 88
「広場」というオアシス 93

第4章 人生を楽しむ欧州の老人

無料の野外イベント 98
芸術や歴史も、無料で楽しめる 100

「成熟社会」は老人が過ごせる場所が多い――108
文化施設や公共団体のボランティア――110
意外と濃いヨーロッパの家族関係――114
年をとっても恋する高齢者たち――116
ファッションに年齢は関係ない――119

コラム❷ 大英博物館の有料会員向けサービス――123

第5章 欧州ではどのように老後資金を準備しているか

欧州は医療費が無料の国が多い――126
治療は最小限、寿命が来たら諦める――130
欧州でも年金は大きな問題――134
お金に対する意識が違う――137
企業年金・私的年金を準備する――139
節約したお金を投資に回す――141

金融商品以外でお金を増やす 144
コラム❸ イギリスの医療制度とEU離脱 150

第6章 欧州の老人に学ぶ節約術

ダウンサイジングする 154
細かい支出を見直す 157
ちょっと高くても良い物を買う 163
特技を生かして収入に 165
外国で過ごして生活費を節約 168
冬は激安リゾートで過ごす 170
クルーズ船に住んでしまう 174
老人ホームと化すクルーズ船 178
海外で介護を受ける 180
海外移住するイギリスの年金生活者 182

高齢者バックパッカーになる 186

コラム❹ クルーズ船に住む人々 189

第7章 「暴走老人」にならないために

楽しむことを忘れてはいけない 192
会社以外の居場所を作ろう 197
肩書を気にするのをやめる 201
働き過ぎは万病のもと 202
不真面目になろう 203
自然の流れに逆らわない 206

おわりに 209
引用元・参考サイト 212

引用元・参考サイトのＵＲＬを巻末（pp.212-213）に提示している箇所は、本文中に［★１］のように表示しています。

第1章

なぜ日本の老人は暴走してしまうのか?

炊飯器売り場で激怒する日本の老人

私は現在、ロンドンと日本を往復して暮らしていますが、日本では、少なからずびっくりすることがあります。

外出したときに、銀行の窓口で申請書の作り方が悪いと怒鳴っているお年寄りや、電車の中で傘がぶつかったと言い掛かりをつけて、若者と殴り合いになりそうになっている年配者などを見かけるからです。

日本に住んでいれば、このような光景を日常的に経験しているのではないでしょうか。

現在、日本の65歳以上の高齢者人口は3514万人で総人口に占める割合は27・7％と過去最高を記録し、アメリカ、カナダ、イギリス、フランス、ドイツ、イタリアなどの主要国で最高です（2017年9月15日現在の推計）。[★1] 2065年時点では、全人口の実に38・4％が65歳以上になると予測されています。

このように日本は世界で最も少子高齢化の進む国ですが、このところ日本では、街なかで暴走する老人が増えているようです。

私は海外にいるときにも、ツイッターやネット記事などで、こんな老人に困っているというコメントを目にすることがよくあります。
暴走する老人とは、例えば次のようなものです。

・スーパーのレジでお釣りの渡し方がなってないとキレる老人
・家電量販店で店員に対して説明がなってないと怒鳴りつける老人
・電車の中でベビーカーに対し「邪魔だ」と嫌味を言う老人
・近所の幼稚園のお遊戯がうるさいと市役所に苦情を言う老人
・保険会社のコールセンターのオペレーターに延々と自分語りをする老人
・同じマンションの住人のゴミを片っ端から調べ上げ、自分で勝手に作ったマイルールに違反していると名指しで批判する老人
・近所の人の庭木が気に入らないと激怒して勝手に切ってしまう老人

特にコンビニエンスストアや家電量販店に勤めている人や、コールセンターに勤務している人など、消費者を相手に仕事をしている人がこうした場面に遭遇するケースが多いようです。

増える高齢者の犯罪

こうした老人の「暴走」は気のせいなどではなく、実際に国の統計にも現れています。

２０１７年11月に法務省が発表した２０１７年版の「犯罪白書」によると、刑法犯全体の認知件数は戦後最も多かった２００２年をピークに14年連続で減少しており、半分以下にまで減っています。

しかし、65歳以上の高齢者の犯罪は逆に増えており、一般刑法犯として検挙された高齢者の数は約４万７０００人で20年前の４倍近く、なんと全体の約２割を占めているのです。

その中でも「障害・暴行」は20年前に比べて約20倍に上っています。[★2]

少子高齢化社会で老人が増えているのは事実ですが、犯罪全体が減っているなか、「高齢犯罪者の増加の勢いは、高齢者人口の増加の勢いをはるかに上回っている」と法務省は報告しています。

また同年、私鉄やＪＲなど34社が鉄道係員に対する暴力行為について発表していますが、加害者の年齢でもっとも多かったのが60代以上で全体の23・3％を占めています。もめ事を起こす高齢者を駅で見かけるのも決して気のせいではないのです。[★3]

病院でも、高齢者のトラブルは問題になっています。

2014年に放送されたフジテレビの番組『ノンストップ!』の調査によると、病院で医師や看護師の胸ぐらをつかんだり、暴言を吐いたりする老人も珍しくないようです。

2013年に私立大学病院医療安全推進連絡会議が約2万9000人の医療従事者を対象に調査したところ、なんと41・5%が患者やその家族などから「暴言」を受けたことがあると答えており、14・8%が暴力を経験していました。暴言を放ったのは50代が最も多く、暴力をふるった人の年代は70代が24・2%と最も多くなっています。

かつて穏やかだったはずの老人たち

かつての日本では、老人は穏やかで落ち着いていて、いつもニコニコしているというイメージがありました。また、「枯れている」とか、「弱者」である、というような前提がありました。

昔話に出てくるお年寄りは皆小柄で、腰が曲がっていて、いつもほほ笑んでいます。孫にはお小遣いをあげ、畑を耕したり洗濯物を干したりして、穏やかに縁側でお茶を飲みながら過ごしているのです。そして、時には若い人にさまざまな意義のあるアドバイスを行ったり、知恵を披露したりして感謝されます。

昭和の時代には、大手企業や老舗企業には、老人が相談役や取締役として勤務していて、日がな一日新聞などを読みながら、穏やかに若い人の相談に乗っていることがよくありました。

また、友達の家に遊びに行くと、おじいちゃんやおばあちゃんが樟脳《しょうのう》と線香の香りが漂う和室から出てきて、温かい目でこちらを眺めながら、しわしわの手で仏壇に飾ってあるちょっとしなびた果物やお茶を出してくれたものです。

ところが21世紀の現代、私たちがメディアや街なかで遭遇するのは、そんな穏やかで人生を達観したような老人たちではありません。いつもイライラして顔を真赤にして怒っている恐ろしい老人たちです。

医療技術や通信技術が発達し、戦前や昭和の時代に比べると、私たちと同様にお年寄りたちの生活の質もはるかに向上しているはずです。

しかしながら、老人たちはいつも不機嫌で激怒していて、とても不幸そうに見えます。なぜ日本の老人たちは炊飯器売り場で激怒しているのでしょうか。なぜ駅員さんを怒鳴りつけてしまうのでしょうか。かつてそのような老人を見かけることはまれだったのに、なぜ今になって目立ち始めたのでしょうか。少子高齢化で高齢者の人口が増えていることだけが原因なのでしょうか――。

居場所がなくなる辛さ

日本の高齢者たちがいつも怒っているのには、実はさまざまな理由があります。老人だから怒っているのではなく、怒らざるを得ない状況があるのです。

まず、何より老人の怒りや不安の原因となっているのは、自分の居場所がなくなっている辛さではないかと思います。

今の日本の高齢者たちの多くは現役時代には長時間労働や激務を経験してきた人たちです。有給休暇はほとんど未消化のままで、連続で休みを取るとしても、せいぜい3日から5日が精一杯でした。今のサラリーマンよりも休みを取ることがはるかに難しかった時代です。

また、今は非正規雇用の人が増えていますが、当時は正規雇用が当たり前の時代で、大企業でも中小企業でも終身雇用が一般的でした。そのため、自然と交友関係のほとんどが会社の中に閉ざされがちで、職場で出会った相手と結婚し、結婚式の仲人や出席者も会社関係者、冠婚葬祭の手伝いをしてくれるのも会社の人たちです。

仕事の後には同僚や上司と飲みに行き、休日はゴルフやバーベキュー、スポーツ大会といった会社関係のイベントが目白押しです。今のサラリーマンよりもさらに濃厚な生活が会社の人間関係の中で完結していたのです。

その一方で、現役時代は地域の人や会社以外の友人と交流することは多くありませんでした。仕事が忙し過ぎるためにそんな暇もなく、仕事のことを考えたら利害関係がない人と付き合うことにはあまり意味がなかったからです。

そういった生活を何十年も送ってきたサラリーマンにとって、会社という場所がなくなることは所属するコミュニティを失うのに等しいといえます。

定年退職して会社を辞めてしまうと、仕事で付き合いのあった相手からは年賀状が来なくなります。特別に仲良くしていた人とは時々会ったりしますが、顔見知り程度だった人や仕事の利害関係でつながっていた相手とは付き合いがぷっつりと途絶えます。飲み会に呼ばれることも減り、仕事関係のイベントもなくなります。

そもそも、仕事ばかりしていて趣味もありませんでしたから、趣味関係の友人もいません。というより、あまりに仕事に忙殺されていたため、自分が一体何が好きだったのか、何をしたいのかということすら分かりません。

現役時代は仕事のためにとゴルフにお金と時間を費やしていたものの、実はそんなものは大して好きではなかったことに気づきます。

そうして出来上がるのは、定年退職して行くところも友達もいない孤独な老人です。

現役時代とのギャップ

一方で、専業主婦やパートとして夫を支えてきた妻たちは、近所の人とのお付き合いもあり、パートの時間をやりくりして友達と旅行に出かけたりします。また、趣味の絵を描くサークル、コーラスのグループなどに参加してきた人もいます。

妻たちは60代になってもそこそこ生活を謳歌《おうか》してきましたが、70代、80代と年を重ねるにつれて、お付き合いのあった友人や趣味の仲間たちが、本人や家族の病気、介護などのために出歩くことができなくなってきます。

そうすると、話をしたり一緒に出かけたりするのは、家にいる夫ということになりますが、世の中には夫婦仲が良い人ばかりではありません。長年一緒に住んでいれば、いろいろなもめ事もあるでしょうし、お互いに年をとって考え方や趣味がだんだん合わなくなることもあるでしょう。その結果、夫婦で一緒に住んでいても話すことはあまりなく、どこかに出かけようと思っても体力が落ちている上に、若い頃のような好奇心や興味もなくなっているため、新しい発見もなく、楽しいこともなくなってしまうのです。

結婚して独立した子供たちはなかなか家に寄りつかず、電話をかけてもすぐに切られてしまうため、不満をぶちまける相手もいません。

こうした生活を送る高齢者たちは、日々の中で何とはなしに不満が溜まっていき、その怒りを見ず知らずの店員さんや銀行の窓口の若い人にぶつけてしまうのです。

このように老人たちの不満や怒りからは、社会や家庭における自分の居場所を失ってしまった姿が浮かび上がってきますが、その背景には現役時代と生活のペースが大きく変わってしまったことがあります。

夫はもう働く必要はありませんし、妻も甲斐甲斐《かいがい》しく家族の世話をする必要はありません。そのため暇になってしまい、とにかく時間を持て余してしまうのです。日本人は元来真面目で働き者ですから、怠けることや、何もしないことに慣れていません。いつも何かしていないと不安になってしまう性分なのです。

街に出てもショッピングモールは若い人向けにできており、老人がひとりで落ち着いてコーヒーを飲めるような店はありません。周囲を見渡すと、高校生や大学生のグループが話に花を咲かせています。もっと都会に出れば、長年やっているような喫茶店や飲み屋もありますが、年金生活ではなかなかそういうところにも顔を出せません。

一日中やることがない人が向かうのは書店やゲームセンターです。そこで本を眺めたり、アーケードゲームをやったりして時間をつぶすのです。

これが戦前のようにテレビもなく、やることといえば畑を耕したり、庭の手入れをしたりするぐらいしかなく、家族との会話やちょっとした読書が息抜きや娯楽になったような時代であれば、時間を持て余すことはそれほど問題ではなかったのでしょう。

しかし、かつての現役時代のハイペースな生活に慣れていた人たちにとっては、何もすることがないことが苦痛なのです。現役時代にはとにかく休みたい、とにかく寝ていたい、休暇を取りたいと思っていたにもかかわらず、一気に時間が自由になると、今度は不安になってしまうのです。そして心が不安定になり、ちょっとしたことにイライラしてしまうのです。

年をとることをネガティブに捉える日本人

日本の高齢者のもうひとつ大変特徴的なことは、年齢を必要以上に気にする人が多いことです。年をとることをネガティブに捉える人がとても多いのです。

私は日本で高齢者がよく利用する健康ランドに行くことが多いのですが、お風呂に入りながら見ず知らずのお年寄りの方とお話をすると、よく出てくるセリフは次のようなものです。

・年をとっちゃって嫌よね〜。年寄りだから若い人にはついていけなくて。
・こんなお婆《ばあ》ちゃんと話しててもつまらないでしょ。
・年寄りは話がくどくて迷惑よね。
・あなた、髪の毛も染めてないしパーマもかけてないのね。化粧もしなくていいから若い人はうらやましいわ。

このように日本のお年寄りは自分が年をとっていることを、何か悪いことのように、他人や社会に対して迷惑なことのように捉えている人がとても多いのです。

相手はその人が高齢者かどうかなんて気にしていないのに、自分には価値がない、面白くない、社会の主流から外れてしまって重要ではないというふうに、自分から思い込んでしまっている人が多いように思います。

ですから、私がお年寄りの話に興味を持っていろいろ質問したりすると、とても驚かれることが少なくありません。私としては、その人自身の考え方や体験が興味深いだけなのですが、そのように思われること自体を想像できない人が多いようなのです。

イギリスや欧州大陸では、高齢者とバスやレストランなどで立ち話をしても、こういった後ろ向きなコメントは出てきません。私が出会った人たちはむしろ、この件はこんなふうに思うんだけど、とか、こんな面白いことを見つけたわ、と生き生きとしています。日本の高齢者はこんなことを言うんですよ、と伝えると、逆にとても驚かれます。「なぜそんなに悲しいことを言うのですか」、「なぜ自分には価値があると思わないのですか」と。

なぜ日本人は年齢を気にするのか

このことはそもそも、日本人の年齢を気にし過ぎる国民性と関係があるでしょう。

例えば、日本では新聞やテレビで誰かが登場すると、必ずと言っていいほど年齢を紹介しますが、イギリスや北米、ヨーロッパでは年齢に言及することはほとんどありません。

また、日本の人に初めて会うとほぼ必ずと言っていいほど「あなたは何歳ですか」と聞いてきます。直接聞かれる場合もありますし、遠まわしに聞いてくることもあります。ヨーロッパや北米では、このようなことはあまりありません。

つまり、このことが何を示しているかというと、日本人が相手の年齢をとても重視しているということです。その根底には、自分と相手の関係性を、年齢を介してはっきりさせたいという意図があります。

日本は年齢や性別といった「社会的に定義された役割」を大変気にする社会ですから、

相手が年上か年下かということは、言葉遣いだけでなく、相手とどんな話題について話すべきか、どんな意見を交わすか、どんな行動をとるべきか、席順をどうするか、食事の費用をどちらがもつか、などを決めるのに大変重要な要素です。

これは日本がかつて稲作を主体とする**農業社会であり集団主義社会であった**名残です。

米作りは大変手間のかかる作業ですから、村や地域の人と一致協力して灌漑《かんがい》の仕組みを構築し、お互いに助け合っていかないと収穫を得ることができません。そういった社会で重要になるのは、コミュニティの秩序を保つことです。「誰が何をする」ということが決まっていれば、話し合いの手間も省け、「あうん」の呼吸ですべてが円滑に進むからです。そして、年齢や所属先（村、血縁）といったことを明確にしておくことで、それぞれの役割がはっきりしたのです。

例えば、村の結束を高めるのに重要なお祭りで、お神輿《みこし》を担ぐのはどこそこの地区の15歳から35歳の男性と決まっていれば、毎年スムーズに行事が行われるというわけです。そこに新しさや革新は生まれませんが、決まったことを同じようにやるという意味ではとても効率的です。

つまり、日本人が年齢や肩書き、性別といったものに基づいて社会的な役割を決めようとするのは、コミュニケーションコストの最適化や効率化を重視した結果なのです。

一方で、ヨーロッパなどの古代から交易や放牧を営んできた地域では、人間関係で重視する要素が異なります。こうした地域では人や物が移動し、多様な人が交わるのが常ですから、いつも特定の人々と同じ作業をやるというわけではありません。異なる文化の人と出会い、さまざまな情報や物を交換することが富の蓄積につながります。

したがって、相手との関係性を確認しながら秩序を保つといったことの重要性が低くなる一方で、大事になるのは相手との取引がどんな利益を生むかを瞬時に見極めることです。こうした地域ではうまく交渉を進めるために相手の面白さや特徴をつかむことの方が大事になりますから、相手の年齢を気にすることはあまり意味がないわけです。

このような理由から、北米やヨーロッパでは初対面の相手に「あなたは何歳ですか」「いつ学校を卒業しましたか」と聞くことはほとんどありません。むしろ、相手と自分の共通点は何か、楽しい会話をするために相手の興味は何かということを探り合うような会話が始まります。

これは礼儀云々《うんぬん》というより、そのような会話を交わした方が合理的だからです。日本では、まず最初に相手の所属先や年齢を確認しようと会話を始めることが多いので、とても新鮮に感じます。

社会全体が産業化した今も、日本にはこの稲作を中心とした農村社会の伝統が根強く残っています。そのため、日本の高齢者には年齢を非常に気にする人が多いというわけです。

従来の老人の枠で捉えてはいけない

日本のお年寄りたちが自らに対してネガティブな思い込みを持っていることには、高齢者のイメージを昔ながらのイメージで捉えている人がとても多いことも関係しているのではないでしょうか。

今の60代は高齢者とは言い切れません。

現在60歳前後の人というのは、80年代のバブル期に若い社会人として活躍してきた人たちですから、60代になったからといっていきなりゲートボールを始めたり、洋食よりも脂っけのない和食を好むようになったり、というような人たちではありません。

ファストフードの店にも行きますし、昔ながらの食堂よりもファミレスの方がいいという人も多いでしょう。漫画好きな人も多く、コミケに参加する人も大勢います。彼らは若い頃からスキーやＤＣブランドを楽しみ、クラブやディスコに行き、海外旅行を楽しんできた人々で、かつては「新人類」とも呼ばれていた世代です。定年退職した後もユニクロやイッセイミヤケをうまく着こなしてショッピングモールで買い物をしたり、西麻布や六本木に出かけたりします。

聞いている音楽だって演歌や浪曲ではなく、サザンオールスターズやユーミンにエリック・クラプトンです。ネットを使いこなしている人も多いですし、スマホを持っていることも当たり前です。

もう少し上の世代には、ヒッピーだった人、学生運動をしていた人、グループサウンズやフォークに憧れてバンドをやっていた人だって多いのです。

ところが、メディアに登場する高齢者は皆なぜか昔ながらのちゃんちゃんこを着て、こたつに入ってみかんを食べているような、今ではあまり見かけないような人ばかりです。

65歳以上という枠組みのなかでは高齢者の一員であっても、今や若者とあまり変わらないような人たちも少なくなく、実態は昔とはずいぶん変わっているわけです。この実態とイメージの乖離《かいり》を認識していないために高齢者向けの施策にズレが生じ、高齢者自身の行動も抑制してしまっているように感じます。

若づくりを揶揄《やゆ》する風潮

実態とイメージに乖離があることは、高齢者の行動に対する批判にもつながってしまいます。

例えば、日本ではクラブや若者が集まるイベントなどに高齢者が出かけると、周囲の人たちがヒソヒソと陰口を叩いたり、なんとなく居心地が悪くなるような視線を送ったりすることがあります。そして近所の人などに、この前クラブに行って踊ってきた、アイドルのイベントに行った、渋谷の流行のカフェに行ってきたなどと言おうものなら、「えーっ」という顔をされます。

北米やヨーロッパの国々では、皆他人のことはあまり気にしませんから、お年寄りがコンサートやクラブに来ていてもジロジロ見る人はいません。60代くらいでもおしゃれな格好をしてクラブに来ている人もいますし、ちょっとしゃれたバーや大勢の人が集まるイベントには白髪の人も目立ちます。

スペインやフランスのビーチリゾートには高齢者が大勢いて、トップレスで浜辺に寝そべっていたりします。80代でもビキニです。

私の義母（イギリス人の夫の母）は70代ですが、クルーズ旅行に出かけると、甲板では

ロンドンのO2アリーナで行われたアイアン・メイデンのコンサート開始前。イギリスの高齢者はロックのコンサートも大好き。年齢は気にしない。

ビキニで日光浴です。何歳だからビキニは着るべきではない、年寄りだからリゾート用のロングドレスを着てはいけない、などという雰囲気はありません。皆、好き放題にやっています。

私は夏になると、ロンドンや欧州大陸の野外コンサートに行くのですが、そういった会場でも60代とか70代の方が若者に混じってワイワイ騒いでいます。高齢者がいても誰も特に気にとめることもなく、和気あいあいとしています。以前ロンドンでボン・ジョヴィというアメリカのバンドの野外コンサートに出かけたときには、ステージ近くのエリアに60〜70代の方もかなりいらっしゃいました。孫や娘たちと一緒に来て、フェスティバル向きの華やかな衣装を着て踊っています。しかし、周囲は皆自分が楽しむのに忙しく、誰も関知していません。

ところが、日本の場合は年齢による分類がはっきりしているため、高齢者自身も自分の行動を抑制してしまいます。周囲の若者も、高齢者の枠に当てはまらないような行動をする人を何となく冷たく扱うことが多いように感じます。

予定調和の上に成り立った社会

これは先に述べたように、日本が社会における個人の役割を、年齢や所属する組織で定義する傾向が強いからでしょう。枠からはみ出す存在に憧れながらも、一方で抜け駆けして自分だけ楽しむのは許されないという心理が働くのです。いわば、「明文化されていない社会的合意」であると言えます。

そのため、この国では社会における多くの物事が予定調和の上に成り立っていなければ納得されません。予想されない行動をとる人は歓迎されないため、自分も枠からはみ出さないようにと気をつけながら暮らす人が多いのです。

日本のテレビドラマや時代劇が毎回決まった筋書きであることにも、このことは関係しています。例えば、2012年から放送されていた「ドクターX《エックス》」という医療ドラマは、米倉涼子さん演じる女性外科医が活躍する話ですが、筋書きは毎回ほぼ同じような展開で、院内政治に明け暮れる腐敗した医師たちを、フリーランスの女医が高度な技能と倫理観で叩きのめすというストーリーです。

毎回同じような筋書きのドラマというのは英語圏や欧州大陸では珍しいのですが、日本の場合は視聴者がそういった話を望んでいるということなのでしょう。自分がある程度予想できる話でないと安心できないし、すっきりしないのです。

そして皮肉なことに、このドラマの中で予想外の行動をとる主人公は、社会の予定調和を乱すアウトサイダーとして描かれています。大学病院の面々は、女性でありフリーランスである主人公を見下し、嫌がらせをしますが、それに真っ向から反撃する主人公は、現実社会で同じ行動をとることができない視聴者を代弁して悪を懲らしめます。

日本の視聴者はそれを見て毎回スカッとしますが、現実の世界で同じような人物がいたとしたら、職場や学校の調和を乱す存在として村八分にしたり批判する人がいても不思議はないでしょう。

こうした心理が、高齢者が自由に生きることを阻んでいるのです。

マスコミの功罪

日本人が年をとることをネガティブに捉える背景には、マスコミの報道も大きく関係しています。

この国では年齢を重ねること、病気になること、認知症になることが「怖いもの＝悪」だというイメージを強調するメディアが多すぎるように思います。

私が日本にいて時々感じるのは、マスコミが高齢者に対してネガティブな姿勢で、時には暗くて悲惨なイメージを植え付けるのが大好きだということです。

最近は認知症に関するテレビ番組が増えていますが、これらの番組に登場する患者さんは皆そろって重傷の人たちばかりです。家族の方たちも大変な苦労を経験されてきたような人たちです。

そして彼らを紹介する際に、暗いBGMや、衝撃的なテロップを出して、認知症になることは、地獄のような生活が待っているという雰囲気を醸し出します。全編に悲そう感が漂い、見ているだけで絶望感に包まれるような内容です。

しかし、自分の家族に認知症の人間がいるとよく分かるのですが、症状は人によってそれぞれですし、軽度の人も多く、全員が暴れたり徘徊《はいかい》したりするわけではありません。対策の方法もありますし、経済的に困窮する人ばかりでもありません。実際にはもっと穏やかで淡々と日々を送っていることが多いのです。マスコミがやたらと悲そう感ばかり煽《あお》るのはどうなのかという気がします。

日本のテレビが大好きなもうひとつのトピックが「死」に関するものです。NHKでさえ「死」に関する番組がやたらと多く、なぜかプライムタイムに「人間は死後どうなるか」とか「死ぬときにどう苦しむか」「尊厳死」などといった番組を放送します。こうした番組はことさら悲惨な面を強調し、見ているだけで何カ月も気分が落ち込むような内容です。

ＮＨＫの番組の一部はＮＨＫワールドで英語に吹き替えたものが放送されており、世界各国のケーブルチャンネルや衛星放送などで見ることができるため、多くの外国人の目に触れることになります。

これらの番組をイギリス人の家族や友人たちに見せると、皆口をポカンと開けて驚きます。このような悲そう感に溢れた番組をプライムタイムに流すこと自体が理解できないし、なぜ視聴者はこんなものを望むのかというのです。イギリスでは通常プライムタイムには楽しいもの、大笑いするものが放送されるのが一般的ですから、日本は風変わりだというのです。しかも、年をとることや、死という人間にとって当たり前のことを罰か何かのような、何か悪いことであるように宣伝しているような印象を与えるようです。

日本のテレビ局は、何か事件や問題が起こると大騒ぎをして同じような内容を流しまくるわりに、その解決策を提示することはまれです。

そして気になるのが、認知症をはじめ高齢者の病気を治すための画期的な研究や医療情報を紹介するなどの前向きな報道が日本ではとても少ないことです。世界では現在、幹細胞を使った治療や、新薬などの開発が精力的に進められていますが、残念なことに日本のニュース番組ではこうした話題を目にすることは多くありません。

なぜでしょうか――。

悲そう感がある方が「私は関係なくて良かった」と感じる人が少なくないためではないでしょうか。その背景には、自分以外の幸福は願っていないという極めて利己的な人が多いということがあります。

ヨーロッパや北米の社会は、日本に比べて宗教や人種が多様ですが、その根底にはキリスト教の文化が根強く存在しています。最近は、ヨーロッパでは特に無神論者が増えていますが、それでも社会の基本的な理念や倫理観はキリスト教の影響を色濃く受けています。

その中でも重要な概念のひとつが「神は常に見ている」ということです。その時、周囲に知り合いや身内がいなかったとしても、神様は常に見ているので良いことをしよう、という考え方があるのです。

このような考え方は「公」（共有の場所や財産）のあり方にも関係してきます。他人に配慮して社会の秩序を保つ、見知らぬ人にも親切にする、公共の場をきれいに保つ、高潔さを保つ、嘘をつかない、他人の幸せを願う、金銭取引がなくても他人に良いことをする、といったことです。

このような考え方が根底にあるので、高齢者に関する報道ひとつとっても、多くの人に希望を与えること、気分を良くするもの、役に立つことを伝えようという意識が潜在的に働きます。社会全体やコミュニティの幸せを願うので、自然と医療研究などに関する前向きなニュースが多くなるというわけです。また、高齢者の置かれている状況に配慮しようという考えにもつながっていきます。

欧米では「老い=悪」ではない

北米やヨーロッパではネガティブな部分を強調する代わりに、認知症になったけれどエベレストに登りました、マラソンを楽しんでいます、こんな芸術作品を作ってみました、バンドをやっていますなど、主にポジティブな側面を紹介します。

認知症や病気はその人の一部であり、それまでの人生と連続することなので、恐ろしいだけではない、認知症や病気であってもそれはその人の「個性」、つまり「あり方」に過ぎず、それでその人のすべてが否定されるわけではないという考え方です。

さらに、これこれの問題が生じたらこういうふうに解決しましょう、という前向きな提案も多く見受けられます。

イギリスでは認知症に関する大規模な研究会議で認知症の方がスピーチを行ったり、朝のニュース番組で認知症の人が自分自身の体験を語ったりします。その雰囲気は決して暗

シオン・ジェアーさんはBBCラジオの番組で、アルツハイマー病を患ったことで、その日一日を楽しんで生きることを学んだと語っている。

いものではなく、「認知症でもこんなこともできますよ」「なんでも忘れちゃうから、友達の不倫話を聞く相手として最高なのよ。秘密を守りますからね」といった調子です。高齢であっても認知症であっても、他の人たちと同じように生活してそれを楽しんでいますよ、というスタンスなので、見ている方が楽しくなってきます。

7年前からアルツハイマー型認知症を患っているシオン・ジェアーさんは、体調管理のために毎日湖水地方の山を登り、そのことが毎日を楽しく過ごし、病気と闘うために役立っているとBBCラジオの番組で語っています。認知症を発症してもアウトドアライフを楽しんでアクティブに暮らすことができると勇気づけられる報道です。[★4]

58歳でアルツハイマー病と診断されたウェンディ・ミッチェルさんは、病であっても自立して生きることを選び、iPhoneやふせんをうまく使うことで一人暮らしを続けてきました。そのアイデア溢れる暮らしぶりを、ユーモアを交えて『Somebody I Used To Know』(私がかつて知っていた誰か)という本にまとめています。病気のため家に閉じこもるのではなく、非営利団体の活動に参加したり、イギリス全土を回って公演をしたりすることが、彼女の生きる原動力となっています。[★5]

The woman who battles her dementia with Post-it notes... How Wendy dream up an ingenious solution to stay independent – and it could help your loved one, too

- **Three years ago, Wendy Mitchell was diagnosed with early-onset Alzheimer's**
- **Devastated, the mother-of-two, was determined to remain independent**
- **She describes the memory-joggers that help her to get through the day**

By CORINNA HONAN FOR THE DAILY MAIL
PUBLISHED: 01:16 BST, 16 January 2018 | **UPDATED:** 03:18 BST, 16 January 2018

Share　365 shares　20 View comments

Wendy Mitchell was devastated to learn she had Alzheimer's aged just 58, but was determined to remain independent. In the final extract from her new book, Somebody I Used To Know, she describes the memory-joggers that help her to get through the day.

February 2016

The consultant scribbles down the results of my latest set of memory tests. Finally, he sits back and sighs. 'You're a little worse than last time,' he says.

And despite the fact that I know I have a progressive illness, I feel my heart sink inside my chest.

アルツハイマー病を生きるとはどういうことかを自伝に綴ったウェンディ・ミッチェルさん。食品棚の扉には、入っているものが分かるように棚の中を写した写真を貼っている。

認知症であっても、国内外を旅したり、冒険旅行に出かけたりすることは可能だという報道もメディアに頻繁に登場します。例えば、認知症の人向けのツアー会社のDementia Adventureは、患者とその家族がヨットのセーリングや海外旅行、山歩きに出かける手伝いをしています。[★6]

また企業も、元気な高齢者を積極的に取り上げます。イギリスのNational Rail（旧国営鉄道で、現在は全英にネットワークのある鉄道会社）が開催した全英における「The Most Over Active Pensioner」（最も活動的な年金生活者）コンテストには、68歳のフィリップ・ハウウェルズさんが選ばれました。ハウウェルズさんはすでに１６７回マラソンを走った実績を持ち、生涯に３３３回マラソンに参加することを目標に掲げています。[★7]

第2章

社会の狭間で苦悩する日本の老人

老人が行く場所がない?!

前章では、日本の老人を暴走させてしまうメンタリティーに焦点を当てて考察してきましたが、この章では、インフラや経済状況など、この国の高齢者を取り巻く社会環境について考えてみたいと思います。

日本はすでに成長のピークに達した成熟社会であり、少子高齢化とともに衰退期に向かっている国だといえますが、社会全体がかつての高度経済成長期のノリのままです。

働き方についても同じで、長時間労働や滅私奉公というのは働けば働くほど給料が増えていた時代の名残に過ぎません。成熟社会では猛烈な働き方をしても給料が増えるわけではなく、むしろ、効率的に物事を進めた方が、組織にとっても社会にとっても実は有益な場合が多いのですが、意識の上ではまだまだ高度成長期を引きずっている人が多いため、働き方も暮らしもなかなか変わりません。

日本の街づくりにおいてもその名残が色濃く、街の設計は若者向けで、店舗も若くて健康な人が利用することを前提に作られています。高齢者の人口がこれだけ急激に増えているにもかかわらず、シニアが好むような飲食店は多くありません。

街に出ると分かるのですが、東京都内の街なかにある喫茶店のチェーン店は、主に現役世代のサラリーマンや学生をターゲットにしています。作りはかなり狭く、一人用の席がたくさんあり、コーヒーやランチをゆっくり楽しむようにはできていません。何となくせわしなく、新聞や本を読みながらくつろげるような雰囲気ではないのです。

その一方で、もう少し値段が高い店に行くと、今度は昼間の時間帯にやってくる若い主婦や女性を意識した作りになっていて、やはり高齢者が好むような場所にはなっていません。女性の好みそうなフレンチトーストのセットとかプロバンス風のランチといったメニューが並び、店のインテリアも飲み物のメニューも若い人向けです。こうした店で年配の方を見かけることもありますが、なんとなく居心地が悪そうに見えます。

それならと今度は自治体が運営する喫茶店に行くと、値段は安いのですが実用一点ばりで、くつろぐといった雰囲気ではありません。

ヨーロッパの公共施設は喫茶店やレストランを併設しているところが多く、多くの場合高齢者の社交の場になっています。ところが日本の場合は、最近は公共サービスの再編成という名目の下、図書館に併設されている喫茶店がなぜかスターバックスになってしまったりしています。高齢者が多く利用する施設なのに、なぜか若者向けの店舗が入っているのです。

郊外に目を向けてみると、高度成長期に急ごしらえで作られた、東京など大都市の郊外の町にも、ゆっくり散歩できるような歩道は多くありません。歩道はあるにはあるのですが、欧州のゆったりとした散歩道や公共広場とはかなり趣が異なります。そして田舎の方に行くと、歩道すらきちんと整備されていないこともあります。

さらに、町の中心部に広場や公園はほとんどありません。もちろん公園がある場所もあるのですが、東京のごく一部や大都市の再開発された地域に限られ、他の先進国の基準からみるとその数は決して多くありません。また、公園があったとしても少し場所が不便だったりするので、お昼にお弁当を食べて気軽にくつろげるような感じではないのです。

老人たちが行く場所を求め、自分が若かりし頃に建てられたショッピングセンターやデパートに行ってみると、そういった場所は今やさびれてしまっていたり、建て替えられてイオンモールになっていたりします。とにかく、今の日本のお年寄りたちには行く場所があまりないのです。

お年寄りに優しくないインフラ

また、この国では、お年寄りが移動することは簡単ではありません。

大都市のごく一部を除いて、日本の道路は広い歩道や並木道が整備されていないため、足

フランスの長距離電車。車内は広く、電動カートや車椅子でも乗車できるようになっている。

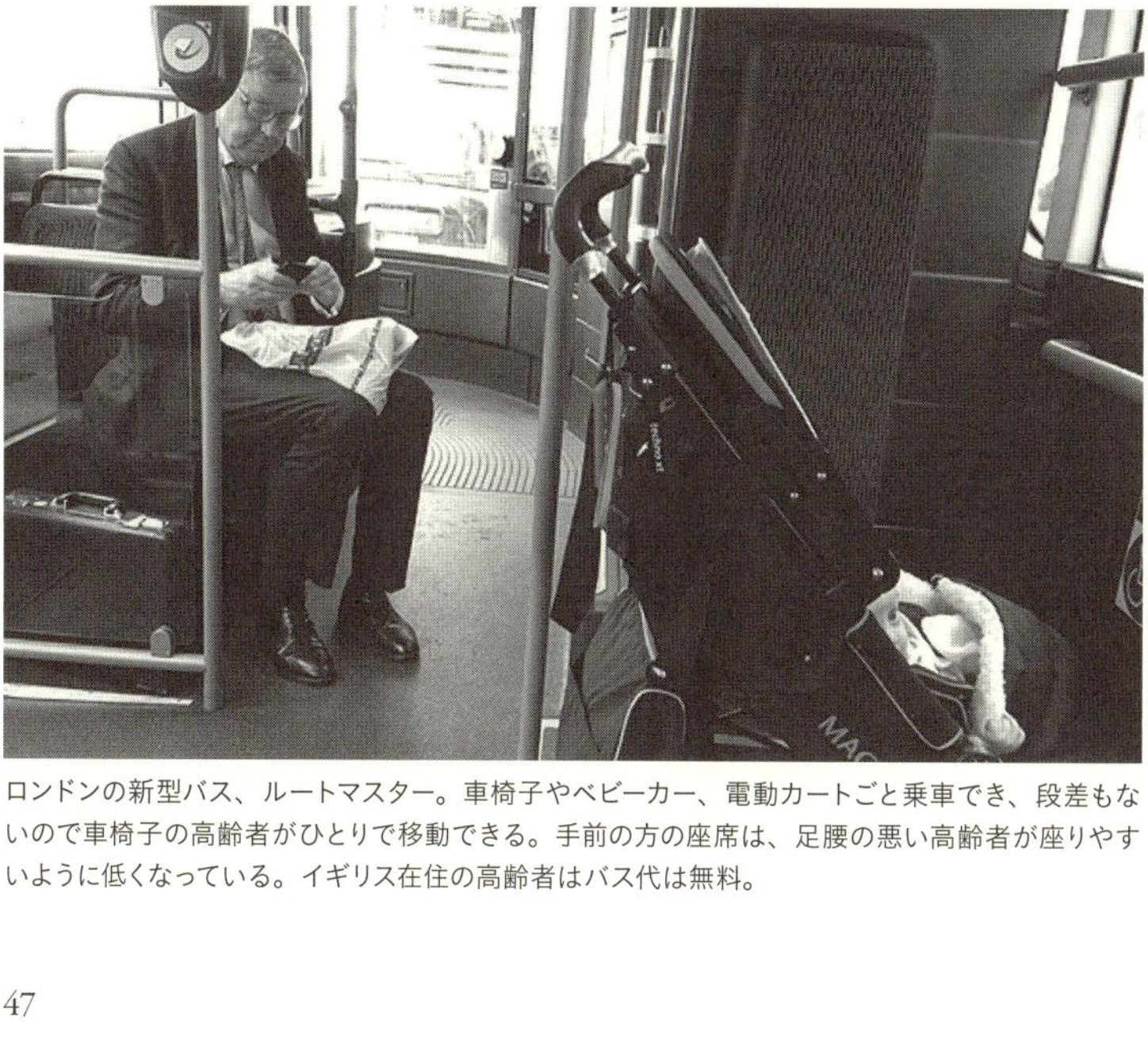

ロンドンの新型バス、ルートマスター。車椅子やベビーカー、電動カートごと乗車でき、段差もないので車椅子の高齢者がひとりで移動できる。手前の方の座席は、足腰の悪い高齢者が座りやすいように低くなっている。イギリス在住の高齢者はバス代は無料。

腰の悪い老人が電動カートや車椅子で移動するのはとても大変です。

バスや電車についても同じです。最近ではバリアフリー車両がずいぶん増えましたが、それでも段差のないノンステップバスや電車は多くありません。東京でもちょっと郊外に行くと、バスに乗るには大きな段差があるため、足腰が悪い人の場合には大変です。その上歩けなくなって電動カートで移動しようと思っても、バスや電車の中にはカートを止める場所などなく、そもそもカートを持ち上げて乗せることは不可能です。

街なかでも、道路はそれほど広くないため、歩く時に人にぶつかってしまいます。大都会ではあまりにも人が多く、少しでもゆっくり歩いている老人は邪魔だとぶつかってくる人さえいます。とにかく街のスピードが早すぎるのです。日本は高齢者が多い成熟社会になりつつあるというのに、まるで発展途上国の街のようなせわしなさです。

店や公共施設の中の通路も狭く、何とか電動カートや車椅子で通れるものの、移動は簡単ではありません。

駅やショッピングセンターのエレベーターは小奇麗でよく掃除されていますが、決してアクセスが良い場所にあるとはいえません。そのため、エレベーターに乗るためにわざわざ駅の端の方まで行かなくてはならないことも少なくありません。

私は日本でベビーカーを押して移動することがありますが、自分が子供を持ったことでこうした実態を知りました。自分が年老いて足腰が動かなくなったら、この国でひとりでどこかに出かけることはおそらくかなり難しいだろうと思わされます。

私でさえそう思うのですから、日本の高齢者たちはこういった不便なインフラにイライラを募らせているはずです。

弱者対応と称して表面的には奇麗なエレベーターを設置したり、弱者に配慮するようにという放送を流したりはしていますが、その実態はお年寄りにとって便利になっているとは到底いえません。高齢者が増え、現状のままでは困る人が多いにもかかわらず、インフラの設計は一向に改善されていないのが実情なのです。

老人を無視し、世代間の対立を煽《あお》るメディア

日本でテレビを見ていると、地上波の番組にはお年寄りが喜ぶような番組が思いのほか少ないことに気づきます。年配の視聴者が多いのにもかかわらず、です。

午前中の番組ではニュースを報道したり、人気のある飲食店を紹介したりしていますが、その内容は若い主婦や30代ぐらいの人が好むような事柄であり、高齢者が本当に知りたいような情報はなかなかありません。例えば、リフォーム詐欺やオレオレ詐欺の被害を防ぐ

方法、補助金をもらう方法、健康に生活する方法、草木の手入れの方法などです。

昼間に放送されるワイドショーでは、自分の孫のような年齢のモデルやお笑い芸人がワーワー騒ぐだけです。彼らは楽屋落ちの話をするだけで、芸も何もあったものではありません。

午後から夕方にかけても、かつてのように時代劇やドラマの再放送は多くありません。地上波のチャンネルでは、高齢者が喜びそうな昔のドラマの再放送や古い映画などはやっていないのです。番組の多くは、若い人が好む飲食店やホームセンターの紹介に見せかけた宣伝ばかりです。

こんなものを見ても高齢者は少しも面白いとは感じません。私の両親もあきれてしまって、最近はテレビを消してラジオを聴くことが増えています。短波ラジオで外国の放送を拾って聞いた方が意味は分からないけれど、聞いたことがない音楽が流れていたりして新鮮だし、宣伝の調子も違うので、ずっと面白いというのです。

ゴールデンタイムになると、日本のテレビ局の高齢者無視はさらに悪化します。

何の芸もない芸能人が画面でお尻を出したり、真冬の湖に飛び込んだりするだけです。もしくは一般人の家に上がり込んで、家の中の様子を面白おかしく映すだけで、芸も工夫もありません。

ドラマも若い人向けで、恋愛の話や、棒読みの俳優が演じる医者の話ばかりです。

高齢者が唸るような重厚な歴史ドラマや、生活の細部を描いたような見応えのあるドラマは消えてしまいました。

外出することが減り、お金もあまり使えない高齢者にとって、テレビは貴重な楽しみのひとつです。お年寄りはネット動画を見ることもありませんし、NetflixやHuluなどのネットの動画サービスだって使い方が分かりません。日本の高齢者はテレビ局にとって貴重なお客なのに、無視されているのです。

その一方で、日本のメディアはやたらと世代間対立を煽《あお》りますが、これは社会が成熟しつつあるこの国の実情を認識していないからこそ起こることでしょう。

若手の論客やネットの有名人たちが、**「老人はこんなに資産を持っている」「老害は早く引退するべきだ」**といったようなことを攻撃的な調子で述べているのをよく見かけます。まるで世代間でどんどん戦うように仕向けているかのようです。

世代間の対立というのは古くから存在しますが、高齢化が進む欧州大陸の国々では、日本ほど世代対立を煽るような意見は聞かれません。そんなことをしても得する人がいませんし、高齢だからといって全員が老害であったり、保守的なわけではないからです。

高度成長期の時代は若い世代の人口が多く、効率や競争が優先されたため、世代間で対立した方が合理的だった部分もあるのかもしれません。若手が古い人間を駆逐して新しいものを取り入れるほど、さまざまな事がうまくいきました。

しかし、現在の成熟社会では同じようなやり方でうまくいくとは限りません。人口の減少に伴い、人的資源が限られてくるため、さまざまな世代が協力し合って共存する世界を目指さなければならないはずです。今の日本で世代間対立を煽っても、誰も得をしないのです。

高齢者を代表する団体がない

もう一つ問題だと思うのは、日本では高齢者の立場や生活の向上に貢献するような非営利団体の活動が見られないことです。

不思議なのは、高齢者がこれだけ増えているにもかかわらず、この国ではお年寄りが結束して社会に対する啓蒙活動を行ったり、政治的な活動をしたりする組織が生まれてこないことです。

その理由として考えられるのは、今の高齢者は現役時代には長時間労働のため、会社以外で活動する習慣を持たない人が多かったということです。ムラ社会の意識が強く、若い頃から自分の会社以外の人間とは付き合わなかったという人も多いようです。

もともと日本では、各分野の専門家が集って交流する業界団体の活動はさほど盛んではないため、高齢者の団体も生まれにくいのでしょう。さらに、集団で社会に対する啓蒙活動を行ったり、政治的な活動をしたりすることはこの国ではあまり良いイメージを持たれないということもあります。

日本は大変封建的な社会ですから、地位が高い人や社会に対して何か意見するということは、「調和を乱す悪いこと」なのです。そのため、会社の枠を超えて連携して地域や社会全体、世の中をよくしていこうという意識が希薄です。

北米や欧州では、現役で働いているときから、仕事の垣根を越えて他社の人たちと業界団体や趣味の集まりで交わる機会も多く、地域活動も盛んです。仕事は定時で上がれますし、プレッシャーも日本に比べるとうんと少ないことも関係しているでしょう。

大人だけでなく、子供たちも学校の部活に凝り固まらずに、地域のスポーツクラブに通ったりします。ですから年をとっても、さまざまな人が集まって自分たちの世代や社会のために啓蒙活動をしたり、募金活動を行ったりすることがごく一般的です。

こうした活動は、民主主義の根幹をなす重要なものです。市民が行政や政治家を監視し、有権者が結束して民意やメディアに訴えたり、法律を改正するよう政治家に訴えかけたりします。

特にイギリスは、このような活動が大変盛んな国です。政府の補助金を受けている団体もあり、大手の場合は専門家が運営しており、企業よりも強い影響力を持っている場合もあります。

Age UKという非営利団体は、高齢者のために活動するイギリスで最も大きな非営利団体です。街なかにはこの団体のオフィスがあり、さまざまな活動の窓口となっています。提供するサービスは多種多様で、高齢者向けの金融サービスや介護サービスの情報提供、キャンペーンの実施、家の修繕サービス、高齢者向けの保険やグッズの販売、家政婦や大工の派遣、爪切りサービスなどのほか、シンクタンクとして研究を行い社会に貢献しています。特に人気があるのは、話し相手をするボランティアが高齢者に電話をかけたり、家を訪問したりするサービスです。[★8]

Age UKの歴史は長く、前身の団体は1940年代に生まれています。当時、第二次世界大戦で家族を失って孤独になったり、生活苦に陥ってしまった老人への政府の支援や法整備が不十分だったために、民間の力でサポートしようと発足したのがこの組織の起源です。Age UK以外にも、イギリスには地域や目的に応じて設立された高齢者のための団体

高齢者のための非営利団体、Age UKのウェブサイト。

イギリスには、Contact the Elderly、Independent Age、University of the Third Age (U3A) など、高齢者のための団体がたくさんある。

がたくさんあります。

老人の力を活用するために

私が不思議に思うのは、日本はこれだけ元気な高齢者が増えているのに、彼らの力を活用しようという声がなかなか上がらないことです。

一口に高齢者と言っても、私の周囲を見回しても60代の方は現役のサラリーマンとそれほど変わりませんし、70代、80代の方も欧州の老人に比べると足腰がしっかりしていて、とても元気です。

私の実家の近所にあるマクドナルドでは、最近60代以上の店員の方が増えています。年配の店員さんたちは、私が店に行く昼間の時間帯にいつもいるので、自然と顔なじみになります。子育てを終えた方が多く、子供を連れて行くとすぐに子供用の椅子を出してくれたり、世間話をしてくれたりと、店に行くのが楽しみになります。接客もとても丁寧で、何よりその穏やかな態度にホッとします。店員さんが年配の方だと、お年寄りも店に入りやすくなります。

この店の場合は、年配の店員さんになってからはお客さんも同世代が増えたようです。

皆さん顔なじみですから、朝ちょっとコーヒーを飲みに来たり、ポテトだけ買いに来たりするのが楽しみのひとつになっているのです。

私が日本でよく利用するガソリンスタンドも、ここ数年は年配ドライバーの姿が目立ちます。長年勤めていた会社を定年退職した男性が店員になってから、私の父母と同じ年代のお客さんが目立つようになりました。

私も洗車してもらっている間に世間話をしたり、一緒にコーヒーを飲んだりするのが楽しみです。車に関する質問などをしても、若い店員さんとは違って一生懸命答えてくれますし、子供を連れて行っても嫌な顔をするどころか、あやしてくれたりするのでとても助かります。元営業マンだった方もおり、サービスや商品を勧めるのがとても上手です。これはなかなかアルバイトの若い人にはできないことです。

日本では昔から定年後に嘱託として会社に残ったり、駐車場やスーパーマーケットでアルバイトをする高齢者がいますが、人手不足が問題になっている今、こういった高齢者にもっと活躍してもらう場を広げる仕組みが必要だと思います。お客さんも助かりますし、年配の客も増えて、お店の売り上げもアップします。学業や子育てもないため、突然休まれることもありません。働く方も収入や生きがいになり、誰もが得する仕組みです。

高齢者の雇用を促すために、例えば年金受給者の所得税控除を増やす、通勤にかかる交通費を無料にするといった施策が考えられるのではないでしょうか。

また、インフラ面での支援も有効でしょう。例えば、レジや接客は座ったままできるようにしたり、作業を効率化するシステムを導入したりすることで、体力的なハンデを克服できます。こういった仕組みは、若い人が働きやすい環境にもつながり、職場全体の生産性アップにもなります。

企業側も、高齢者を積極的に雇用していることをPRできます。こういった広報活動は北米やイギリス、欧州大陸ではごく当たり前に行われています。多様性のある人材を雇用していることは企業の業績評価の一部であり、年次報告書に掲載されます。また、人事担当者の業績目標でもあります。

例えば、イギリスの大手スーパーのWaitroseやM&Sでは、レジの担当者は学習障害や知的障害を抱える人であることが少なくありません。また、顧客は比較的裕福な高齢者が多いため、接客する店員さんも中年以上の方が目立ちます。なぜか日本では年配の客が多い飲食店などでも、店員は若い人たちばかりです。しかし、私の親世代や近所の方々の中には、若い人は気が利かないから嫌だという人もかなりいるのです。

多様な人材を雇用することで広報的な効果もありますし、より幅の広い顧客層にリピーターになってもらえます。現在、全国のシルバー人材センターなどが高齢者の仕事の斡旋《あっせん》を行っていますが、それ以外にもいろいろ工夫できることがあるはずです。

生活が楽ではない日本の老人

これまで日本の高齢者たちを取り巻く社会の状況について考えてきましたが、彼らが怒らざるを得ない理由はほかにもあります。

若い人はなかなか気がつきにくいことですが、実は生活が困窮している高齢者がこの国には少なからずいます。中には金融資産をたくさん持っている人もいますし、高い年金をもらっている人もいるでしょう。

しかし、一般的な日本の高齢者が潤沢な資産を持っているというのは必ずしも事実ではありません。

そもそも資産には現金化（流動化）されているものと、現金化されていない（非流動）資産があります。現金化されている資産とは、例えば現金や銀行預金、毎月の年金といった「今すぐに使えるお金」のことです。一方で「現金化されていない資産」とは、売るなどして現金に変えなければ使えないものをいいます。その代表例は不動産で、特に自宅の場合にはすぐに売りに出すわけにはいきません。紙の上の評価額と、実際に売れる金額が違うこともよくあります。その他、株式や金でできた仏像、壺、高級時計といったものも「現金化されていない資産」です。

日本の高齢者が保有している資産の多くは親から相続した自宅や土地であり、すぐに売るわけにはいきません。「現金化されていない資産」を持っているからといって、それだけでは決して裕福とはいえないのです。

でも、年金があるではないか、と言う方もいると思うのですが、リタイアしてからもらえる年金はそれほど多くはありません。

意外と少ない年金

厚生労働省が2017年に発表した平均年金額を見てみましょう。

日本の年金というのは、

（1）大人全員が加入している国民年金（基礎年金）
（2）会社員などが加入している厚生年金
（3）確定拠出年金や厚生年金基金、年金払い退職給付という３つから成り立っています。

普通のサラリーマンの場合は、（１）と（２）を合わせた金額をもらうことが多いのです。

（１）の国民年金の平均的支給額は、男性で１人１カ月５万２６０６円、女性で４万６５７２円です。

（２）の厚生年金の平均的支給額は、男性で11万３９８６円、女性は５万５６７０円です。

つまりサラリーマン男性で月17万円ほど、女性で11万円ほどもらえる計算になります。

ただし、妻もずっとフルタイムで勤務し、厚生年金を払っていたという例はそれほど多くないため、妻のもらえる年金は実際にはもっと安くなります。ずっと専業主婦だった人や、パートで厚生年金に未加入だった場合には国民年金のみで、月の支給額は５～６万円ほどという人もいるでしょう。

厚生省は、夫婦２人が受給する年金のモデルを発表していますが、国民年金と厚生年金を合わせて月に22万１２７７円です。これは、夫がボーナスを含む月収42・８万円で40年間就業し、妻がその期間すべて専業主婦であったと仮定しています。月収42・８万円とはだいたい年収500万円前後ですが、これはあくまでモデルであり、日本の40歳から59歳までの働く人の年金額の平均です。[★9]

中卒、高卒だと報酬は低くなりますので、将来もらえる年金はもっと安くなります。つまり、このモデル年金をもらえる人というのは、元公務員だったり一部上場の大企業に勤めて多額の厚生年金を払ってきた人に限られます。

日本の企業の99・7％は中小企業で、働く人のうち約7割が中小企業勤務で、大企業勤務者は3割ほどです。つまり、働く人の大多数は、公務員でもなく大企業の社員でもありません。大企業と中小企業の報酬の格差は大きく、例えば従業員10人以下の小企業の平均年収は337・1万円で、従業員5000人以上の企業の平均年収503・3万円を大きく下回ります。[★10][★11]

7割の人が中小企業に勤務していることを踏まえると、厚生労働省が発表するようなモデル年金をもらえる人は大多数ではないのです。

税金、健康保険料、医療費の不安

さらに、仮にモデル年金をもらえたとしても、夫婦2人で月に22万1277円という金額では決して裕福な生活はできません。

家賃が必要ないとしても、光熱費は現役の時と同じ程度かかります。むしろ自宅で過ごす時間が長くなる分、割高になる場合もあるでしょう。自宅も古くなってくるので、修繕費もかかります。

注意しなければいけないのは、定年退職しても、収入があれば所得税を払う必要がありますし、市民税や県民税も受給した年金額に応じて払わなければなりません。高齢者だからといって免除されるわけではないのです。

もっと注意が必要なのが、健康保険料です。働いていた頃は勤め先の会社が健康保険料の約半額を負担してくれていましたが、退職すると国民健康保険に加入します。国民健康保険は収入（＝年金）の金額と連動しており、決して安くはありません。

さらに、介護保険料もかかってきます。金額は自治体によって異なりますが、収入のおよそ12〜15％程度が国民健康保険料と介護保険料として支出されると見積もっておく必要があります。

例えば、月に22万1277円もらう夫婦の場合だと、12％かかるとして、月に2万6千円ほど支払う計算になります。さらに、所得税と住民税を合わせて月に1万5千円ほどかかるとすると、月に4万円ほど出ていく計算になります。

手元に残るお金は夫婦で18万円ほどです。

〈老後に国や自治体に払うお金の例〉

・所得税
・復興特別所得税
・住民税
・固定資産税、都市計画税
・自動車税
・国民健康保険料
・介護保険料

日本は高齢者の医療費と介護費が無料ではありません。

75歳までは収入に応じてかかった医療費の2割から3割を負担する必要がありますし、75歳以上でも1割負担です。年をとると、思った以上に体調が悪くなることが多いので、病院に行くことも増えますが、その自己負担額は予想以上に大きいのです。

また、入院したり手術をしたりすることも増えてきますが、日本の病院の多くでは差額ベッド代、食費、入院時に必要な身の回りの品々や医療用消耗品等も自己負担です。

基本的に多くの病院で入院時のベッド代は、大部屋であれば無料か格安の値段ですが、大部屋が空いていない場合には1～4人部屋に入ることになり、「差額ベッド代」がかかります。個室に入る場合には、中級ホテルや旅館程度の費用を負担することになります。

例えば**1日3000円だとしても、1カ月入院すると9万円です。**このほかに入院中の食事代や身の回りの品々、そして医療費の自己負担金もかかってきますので、**病気やけがでちょっと入院しても、一回に20～30万円というお金が飛んでいくことが珍しくありません。**

そうした費用は普段からかけている民間の医療保険でまかなえばいいと思うかもしれませんが、比較的掛け金の安い共済保険などでは全額がカバーされるわけではありません。そのため、年をとればとるほど、病気やけがの際に必要になる現金が手元にないと安心して暮らせないのです。

物価が年金世帯を直撃

次に注意しなければならないのは、日本はデフレで物価が下がっているとはいっても、徐々に値上げされているものもあることです。現役世代とは違い収入が増えていかない高齢者世帯にとっては、食費や医療費、燃料代などの上昇は不安材料です。

例えば、家庭向けの電気料金（電灯料金）の平均単価は２０１１年の東日本大震災以降約25％も上昇しています。その後燃料代の低下等で値段は下がりましたが、２０１６年と２００６年の電気料金を比較すると、10年間で６・２％ほど上昇しています。[★12]

60歳以上になると若い時とは消費活動が異なってくるので、むしろ値段が上昇気味な分野にお金を使うことが多いのも、「値段が上がった」と感じる要因のひとつです。

高齢者世帯は、自宅で過ごす時間が長いため、「光熱・水道」にかかる支出割合が若年者世帯より大きく、「保健医療」に対する消費割合は若い世帯の2倍以上です。ここ30年ほどで、「衣料」「家事用品」「家具」などの値段は下がりましたが、それらは高齢者が購入しないものばかりです。一方で、「保険医療」や「光熱費」は上昇傾向にあります。[★13]

さらに、高齢者は車を運転しない人や遠出をしない人も多いので、小売店で買い物することも多いのですが、小売店は量販店やスーパーに比べると物の値段が割高です。

マーケティング・アナリストの三浦展《あつし》氏によれば、60代の実に34・5％の人が「下流老人」に当てはまるということです。三菱総合研究所のシニア調査によると、65歳以上の高齢者の金融資産総額は平均２７７２万円に上りますが、これはあくまで平均値であって、1億円以上の資産を持つ上位３・３％の高齢者が資産全体の29・７％を保有しているのです。人口比率で最も多いのは資産「５００万〜１０００万円未満」の人たちで、65歳以上の人口の15・１％にあたります。[★14]

内閣府の「高齢社会白書」２０１６年版では、資産や貯蓄が「足りない」と答えた60歳以上の高齢者は、実に57・０％に上ります。

こうした経済的な不安や生活苦によって、お年寄りの窃盗などの犯罪は増加を続けているのです。

体力や認知機能の低下

ご承知のとおり、高齢者は複数の病気を抱えていることも珍しくなく、心臓病や糖尿病といった重い病気から、関節や腰が痛い、何となくいつもだるいといった比較的軽度の不調まで、何かしら問題を抱えていることが少なくありません。視力や聴力も衰えてきますので、少し読書をしたり、テレビを見たりするだけで疲れてしまいます。

さらに、人によっては老人性のうつ病を抱えていたり、不眠で悩んでいたりします。こうした不調は外からは分かりにくいものですが、本人にとっては大変辛く、そのため気分的にイライラしてしまうことも増えてくるのです。

もうひとつ重要なのが、年をとってくると脳の機能が低下することです。特に衰えが目立つのが、人間の理性をつかさどる前頭葉とよばれる部分の機能です。そうすると、ちょっとしたことで怒りっぽくなったり、涙もろくなったりして、感情の抑制が効かなくなります。

また、常識的な判断をすることができなくなるため、例えば店員さんに怒鳴り散らしたり、きちんとした服装ができなくなったり、入浴しなくなったりします。

自分の身内が認知症になると、本人の認知機能が目に見えて低下していくのが分かります。私の父は仕事中に倒れ、脳に外傷を負う高次脳機能障害という障害が残りました。さらにその後、脳出血を起こして認知症になってしまいました。

父の認知症の兆候が出始めた頃には、鍋を火にかけたままにしたり、車で道路を逆走したり、他人の家の畑を勝手に耕したりするなど、おかしな行動がみられるようになりました。かつては穏やかな性格だったのに、暴言が目立つようになり、怒り出すことも増えました。

また、入浴が好きだったのに、お風呂に全く入らなくなってしまいました。急須の中には1カ月間替えられなかったお茶っ葉が腐っているにもかかわらず、それに延々とお湯を足して飲み続けていたということもありました。うどんを食べに行って一度に10人前を食べてしまったこともあります。こうした行動も、やはり脳の機能が侵されたことが原因です。

認知症には、脳出血などの脳血管性の疾患、アルツハイマー型、レビー小体型などがありますが、どの認知症かによって、損傷を受ける脳の部位が異なります。老人が怒りやすくなるのは、脳の病的・生理的な機能低下も関係しているのです。

死と老いの恐怖

このように、高齢者たちはさまざまな不安や怒りの要因を抱えていますが、その中でも最も大きいのはやはり死と老いに対する恐怖でしょう。

今の高齢者たちは昔の老人とは違い、60代であっても一口に高齢者とはいえません。人によっては、70代でも十分若く活動的です。自分たちが若い頃にマクドナルドやファミリーレストランが普及し、外食を楽しんできた世代です。さらに、10代から20代の頃にビートルズやグループ・サウンズで盛り上がり、ロックを愛してきたヒッピー世代です。1980年代のバブル期にはスキーを楽しみ、四輪駆動車でアウトドアに繰り出しました。

つまり、年をとっても民謡や浪曲を楽しむようなかつての老人ではなく、心の中はいまだにロックやファストフードが大好きな若者のままなのです。

ところが、心とは裏腹に肉体は衰え、老いていきます。配偶者は認知症や心臓病や癌で倒れ、同級生の何人かも病気で亡くなります。気がつけば、山に登る気力も体力もなくなり、フェスティバルに行くのもちょっと躊躇《ちゅうちょ》するようになっています。

昼間にケンタッキーフライドチキンに行くと、周囲は白髪頭の老人が目立ちますが、ふと気がつくと自分もそのひとりです。若い人たちは可処分所得が少ないため、一人分が1000円近くもするケンタッキーフライドチキンのランチセットなど食べられないので、昼間はそこそこお金がある高齢者ばかりです。そこでポテトをつまみながら窓の外を眺めると、自分には実は残されている時間はそれほど長くはなく、肉体は永遠ではなく、自分が初めてマクドナルドに行ったのははるか昔のことであると気づくのです。

家に帰り、つまらないテレビを消してラジオを聴きながら夜ベッドに入ると、襲ってくるのは自分が消滅するという恐怖、忘れられてしまうという悲しさです。ほんの少し前まで、老人というのは民謡か何かを聴き、はんてんを着て植木の手入れをしているような、自分とは全く関係のない存在だと思っていたのに、今だまだローリング・ストーンズを聴いている自分は紛れもなく老人なのです。

若い頃には、権威や老害と戦うと息巻いてデモに参加していたのに、今やこの自分が若者から批判される老害であり、かつては自分が憎んでいた老人そのものなのです。孫におじいちゃんと呼ばれることには抵抗があり、外見はまだ40代でも通ると思っているのに、自分は老いから逃げることはできないのです。

このような肉体と心のギャップを抱えた人たちが、今の日本の高齢者なのです。若い人たちを怒鳴りつける高齢者たちは、日々こうした葛藤の中に生きています。

コラム 1

高齢者の犯罪と、要介護の家族を抱えた高齢者の苦悩

高齢者による犯罪件数は、2008年まで増加の一途をたどり、その後も高止まりの状況です。

2007年に法務省が行った調査によると、高齢者の一般刑法犯で検挙された人員で最も多かったのは「窃盗」で、高齢者による犯罪の65・0%を占めます（男性54・1%、女性88・4%）。[★15]

高齢者の窃盗の動機は、男性が「生活困窮」66・1%、「対象物の所有」36・6%、「空腹」18・8%で、すべてではないものの、食べるのに困って飲食物を盗む人が多いことが分かります。女性は、「対象物の所有」63・0%、「節約」59・3%、「空腹」も14・8%で、こちらも経済的厳しさが犯行の動機になっています。

さらに興味深いのは、高齢犯罪者による殺人の動機として、「生活困窮」が少なくない点です。高齢者が親族以外を殺害した原因として最も多いのは「激情・憤怒」「報復・怨恨」ですが、親族を殺害した場合は「将来を悲観」「介護疲れ」となっています。「生活困

窮」も親族を殺害した原因の17・9％を占め、さらに「債務返済」が親族以外を殺害した理由の18・2％に上ります。

若い犯罪者の場合はこうした動機はほとんど見られないため、高齢者の犯罪には経済的困窮が深く関わっていることが分かります。また、「将来を悲観」「介護疲れ」も、高齢者の犯罪に特徴的な動機です。看病にも介護にもお金が絡んできますから、これらも間接的には経済的困窮が要因だといえるでしょう。親族が要介護になったら、身内には扶養義務があるため、放り出すわけにはいきません。家族を山奥に捨ててくることはできないのです。

民間の介護施設は高額で、運良く特別養護老人ホームに入れたとしても、その費用の一部は自己負担しなければなりません。自分たちの年金や貯金からまかなわなければならないため、年金のほぼ全額が介護施設の費用に消えてしまうこともあります。

そのため、妻が国民年金にしか加入していない場合や、夫の厚生年金額があまり高くない場合などは地獄です。夫が介護施設に入居すると、生活費として当てにしていた夫の年金は介護施設の費用に消え、妻は月に5万円から11万円程度しかない自分の年金で暮らしていかなければなりません。

自宅で介護するにしても、介護保険をフルに使っても、一日中ヘルパーさんに来てもらえるわけではありません。

一概には言えませんが、例えば要介護5であっても、デイサービスを週に2〜3回、ヘルパーさんには一回1時間、一日1〜2回来てもらうのがせいぜいです。認知症の程度がどれだけひどくても、少ない年金から費用を捻出するとなると、一日24時間の介護を受けられるわけではありません。徘徊《はいかい》するような高齢者や、別の病気があって常に介助が必要な場合は、家族が面倒を見なければなりません。

自己負担分が費用全額の1〜3割とはいっても、例えば要介護5でフルに介護保険を使った場合には、月の支払いは少なくとも3万6000円を超えますから、決して小さい金額ではありません。おむつ代、介護用品代、介護食代といった費用も月に数万円かかります。

これらを少ない年金の中から工面しなければならないので、要介護の家族を抱えた高齢者の苦悩は計り知れません。

第3章

暴走老人のいないヨーロッパ

なぜ欧州の老人は暴走しないのか

　これまで見てきた日本の高齢者を取り巻く社会的・経済的な厳しい現実には、この国の働き方や社会全体のあり方が大いに関係しています。老人たちが孤独で、苛立《いら》ちを募らせて暴走してしまう背景には、老人特有の性質や彼らが置かれた個々の状況だけではなく、社会環境が影響していることが少なくありません。

　しかし、日本では老人がトラブルを起こしたというニュースが報じられると、その本人だけに原因を求める傾向が強く、彼らを取り巻く社会全体について議論されることはまれです。

　イギリスやヨーロッパ大陸では、老人が問題を起こしたというニュースを見聞きすることはほとんどなく、地元の人と話していても、暴力的な老人がいるという話は聞いたことがありません。また、町で店員さんや窓口の係員に文句を言っているお年寄りを見かけることもありません。

　だからといって、ヨーロッパの国々が高齢化と無縁なのかといえばそのようなことはなく、ヨーロッパでも日本同様、社会の高齢化が進んでいます。

　国連の報告書「UN World Population Monitoring」によれば、ヨーロッパの人口の65

歳以上を占める割合は1998年には21%だったものが、2025年には33%、2050年には47%に達すると予測されています。

また、マッキンゼー・グローバル・インスティテュートの「The Graying of Europe: How Aging European Populations will Threaten Living Standards and Prosperity」（老いる欧州：ヨーロッパの高齢化が脅かす生活水準と繁栄）によると、欧州各国では高齢化が進むにつれて、家庭の貯蓄額が減少し、高齢者の生活水準が徐々に下がっていくと指摘されています。[★16]

欧州でも年金は大きな問題ですし、老人の生きがいや、高齢者の増加による医療費の高騰も話題になることが多いのです。それなのに、なぜヨーロッパでは暴走老人を見かけることがないのでしょうか。

私はその要因のひとつとして、やはり日本とは社会的な仕組みやインフラが違うということ、つまり「外部要因」があるように思うのです。

歩いて暮らせる町

まず最初に挙げたいのは、ヨーロッパの町並みや町のつくりです。

ヨーロッパの町並みは日本とはずいぶん異なり、日本から初めてやって来た人が空港を一歩出て驚くのは、都会でもかなり古くて重厚な建物が並んでいるということです。

もちろん、ドイツの大都市やスペインの南部の地域などには近代的な建物もあるのですが、総じて日本に比べて古い建築物が多く、町のつくりも中世やそれより古い時代の面影を残していて、まるで歴史ドラマのセットの中を歩いているような気分になることがあります。

特に、二回の世界大戦の空襲や地上戦で町を破壊されなかった地域には、古い町並みや中世のお城、貴族の館といったものがそのまま残されています。

しかし、ヨーロッパは世界大戦で戦場になった国が数多くあるため、戦闘や空襲で町が徹底的に破壊された場所も少なくありません。

例えば、イギリスのバーミンガムやリバプールといった町は、軍需工場や港があったためにドイツ軍の激しい攻撃を受け、建物の多くが消失しました。今では、戦後急ごしらえで造られたコンクリートのビルが立ち並んでいます。

面白いのは、町が戦火で破壊されたり、地震や洪水などの被害に遭ったりしても、政府や地元の人たちが、元の古い建物を再現することに非常に熱心なことです。代わりに新しい現代的な建物を造ろうということはあまりなく、このあたりのメンタリティーは日本とずいぶん違います。

こうした古い町並みが残されているので、実はヨーロッパでは人間が歩いて生活できる規模の町が少なくないのです。昔は車もありませんでしたし、馬車や馬を持てるのは貴族や王族、富裕層の人たちに限られていたため、多くの人はどこへ行くにも歩いて行きました。そのため、ほとんどの町で暮らしに必要なものがすべて徒歩圏内にあるのです。

町の中心に行けば、さまざまな用事をこなせるようになっています。昔はスーパーマーケットなどなかったので、農民や漁師たちが持ち込んだ野菜や果物、魚などを売る青空市場があるのが当たり前でした。また、町の中心にある広場がコンサートホールや集会所の役割を果たしていました。そして広場で行われる演説や演劇、音楽会などが、住民たちの暮らしに密着していたのです。

ヨーロッパには、そのような人々が徒歩で生活していた頃の町のつくりがそのまま残されています。数百年前からある青空市場は今でも盛況で、イタリアでは古代ローマ時代に造られた劇場でオペラが上演されたりしています。新興住宅地やショッピングモールが次々と造られる日本とはずいぶん違いますね。

アメリカでは車がないと暮らせない

これはアメリカの状況とも大きく異なります。私は大学時代にアメリカに留学していたのですが、アメリカで一番困ったのは、ニューヨークやサンフランシスコのごく一部の大都市を除いて、車なしで生活できる町が本当に少ないことでした。

少し郊外に行くと、車がなければ全く生活できません。スーパーやちょっとした店も車で行くのが当たり前ですし、そもそも車で移動することが前提で町が設計されているため、目的の場所まで自転車や徒歩で行くことが難しいのです。

私が住んでいたテキサス州では、店に行くのに10キロとか20キロメートルもの距離を運転しなければなりませんでした。隣の大きな町に行くのにも車で3時間かかったりします。長距離を走るので、車は大型のＲＶ車やワゴン車が主流です。車の有無は死活問題で、車がなければ人間として普通の生活を送ることができません。

中国の場合も、アメリカと似たところがあります。中国はとにかく土地が広大で、特に沿岸部の大きめの新興の町では道路が広く、車で生活するようにできています。これは日本から行くと大変びっくりすることのひとつで、私が初めて北京に行ったときも、道路があまりにも広く、徒歩で回るのが大変だったので驚いたことを覚えています。

こうした町のつくりの違いは、人間の考え方やライフスタイルも左右します。

例えば、ヨーロッパの場合は、昔からの道路や建物をそのまま使っていることもあり、市場で好まれる車はコンパクトな小型車やバイクなどです。町の規模が小さいため、少しの大気汚染でも影響が大きく、環境対策にも気を遣います。

道路が狭く、車が増えると渋滞してしまうので、パーク&ライド（park and ride）といって、市街地の近くに大きな駐車場を作り、そこに自家用車を止めて、町の中心部まではバスで移動するという交通システムが考案されました。これは単に環境に良いからというだけでなく、市街地の道路が石畳で非常に狭いため、利便性を重視して考えられたものです。同じような仕組みはアメリカにもありますが、町のつくりが違うため、欧州ほど普及していません。

歩いて買い物をすることが前提になると、店で売るモノの種類や大きさも変わってきます。車で荷物を運べないため、大容量で大きいものの代わりに、小分けした商品が増えることになります。ヨーロッパで売られている洗剤や食品は、全体的に中国やアメリカに比べると小さめです。家族単位が小さいとか物価が高いということもありますが、アメリカに関して言えば物価は今やむしろ欧州より高いので、どちらかというと、運搬時の利便性が関係しているのではないかと思います。

町が小さいと、ビジネスのあり方も変わってきます。

町が小さく道も狭いということは、当然店も小さくなります。イタリアなどは、席に座って飲食する場合と立ち飲みの場合とでは料金が違うことが珍しくありません。スペースが限られているため、お客さんがあまり注文せずに長居することはビジネスの損失に直結するからです。

なぜ日本は買い物難民を生むのか

今の60代から80代の日本人の中には、高度経済成長期の時代に地方から都市部に移り住んで郊外に家を構えた人が大勢います。当時、都心の不動産は高騰していたので、多くの人たちが家を買ったのは、郊外の新興住宅地でした。いわゆる、ニュータウンです。駅からバスで15分から30分かかるところも珍しくなく、山を造成して作られたため、坂だらけというところも少なくありません。

経済産業省の調査によると、日本全国に約700万人の買い物難民がいると推定されていますが、その多くがかつての新興住宅地やニュータウンに集中しています。そうした町では、子供が独立した高齢者夫婦や独り暮らしの世帯が増えています。そして大型の郊外型ショッピングモールの出店により、住宅街のスーパーや商店は撤退し、町の商店街は衰退を余儀なくされています。

その代表がかつて「多摩の田園調布」とよばれた東京都多摩市にある桜ヶ丘住宅地でしょう。新宿から特急でわずか30分という立地ですが、今やその地価はバブル期の8分の1にまで落ち込んでいます。最盛期には1坪当たり400万円だった土地が、朝日新聞による地元不動産業者への取材によると、現在では平均50万円程度です。新宿から近いものの、坂道が多く不便なために若い人は引っ越して出てしまい、空き家にも買い手がつかず、今では桜ヶ丘1～4丁目の人口の38％を65歳以上の高齢者が占めています。［★17］

60～80年代に開発された新興住宅地の多くがこのように過疎化しており、そういった町ではバスの本数が減り、商店が次々にシャッターを下ろしていきます。都市部にもかかわらず、まともに生活ができない町がどんどん増えているわけです。近未来の町を目指したのに、たった40年やそこらで過疎化してしまうとは、なんという皮肉でしょうか。日本の高齢者たちが住んでいる町が、ヨーロッパのような昔ながらの小さな町だったとしたら、こんなことは起こらなかったのかもしれません。

日本でも地方に行けば昔ながらの小さな町があり、徒歩圏内で多くの用事を済ますことができます。ところが、そういった町は過疎化していることが多く、残念ながら住むのに適した状況にはなっていません。

例えば、以前訪れた香川県の高松市は気候もよく風光明媚《めいび》で、町はコンパクトで住みやすいのですが、街なかに若い人はほとんど歩いておらず、シャッターを閉めたままの店舗が目立ちました。街に活気がないのです。

総務省の調査によれば、北海道は179ある市町村のうち、なんと144が過疎化しており、東北や山陰は半数かそれ以上の市町村が過疎に陥っています。一方で、東京都では過疎の市町村はたった6で、埼玉県は2、神奈川県は1です。高度成長期に産業の多くが首都圏や京阪神に集中し、民族大移動ともいうべき人口の流入が起きた結果、今では首都圏には高齢者が住みにくいニュータウンが残り、地方に行けば過疎化した小規模な町が点在するに至っています。

ヨーロッパの場合は、ロンドンやパリに人が集中している実態はありますが、産業が地方にも散らばっているので、日本に比べると、人や仕事が地方にも分散しています。

ヨーロッパでは個人商店が健在

ヨーロッパは失業率が高いために若者が都会に出て行くという現象は発生しているものの、そもそも日本式のいわゆる新興住宅地がないため、日本のニュータウン型の過疎化は起きていません。鉄道会社が山を崩して沿線に急ごしらえの町を作る、といったことも起こりませんでした。

古い町では昔風の小売店も健在ですから、買い物難民も発生しません。特に昔ながらの商店が多く見られるのがイタリア、フランス、ポルトガル、スペインなどです。日本ではめっきり減ってしまった、昔から続いているような八百屋や肉屋がありますし、家でちょっと必要なものがあるときには金物屋さんや電気屋さんに走ります。

私がローマに住み始めた頃に驚いたことのひとつは、日本で慣れ親しんできたホームセンターがほとんどなかったことです。現在では郊外に大型店舗も増えてきましたが、イタリアではまだまだ地元の個人経営の店が主流です。

電球が切れたときは、地元の商店街の電気屋さんで店の奥の方からほこりをかぶった電球を出してきてもらいます。シーツやベッドといったものまで、郊外のショッピングモールではなく、地元商店街の小規模な個人経営店で買うことが珍しくないというのも驚きでした。イタリアに引っ越したばかりの頃に、そうしたものが必要だとボスや同僚に相談すると、連れて行ってくれたのがそういう店です。スーパーやデパートもあるのですが、品ぞろえがあまり良くなく、品質の良いものはそのような個人商店に行かないとダメだというのです。

若い人たちに聞いても、親の代やその前からそういった店とは付き合いがあるからか、個人商店の品物なら質が良く、変なものは置いていないので失敗がないと言うのです。値段は確かに割高なのですが、日本では見かけないような、とても質の高いシーツやテーブルクロス、スリッパなどがそろっており、何度洗っても色落ちしないそのクオリティーに驚きました。また、高級なタイツやちょっと気の利いた靴下を売っているのは、やはり個人商店です。若い人たちはファストファッションの店でもよく買い物をしますが、親と一緒に昔からの個人商店にも行きます。このことは、私にとって大変なカルチャーショックでした。

個人商店の肉屋、衣料品店などでは、「何々をこれだけください」「こんな色のものが欲しい」と自分で伝え、相手の言うことを理解しなければなりませんので、嫌でもイタリア語が上達します。最初の頃は、お店の人と話すのが苦痛で、どうやって声をかけたらいいのか分からない始末でした。でも、ほこりだらけの鍋が並んでいる店に入ると、幼稚園や小学校の頃に、祖母とカートを引いてアルマイトのヤカンやトイレットペーパーホルダーを買いに行ったことを思い出し、何か懐かしい気持ちになりました。私の母方の祖母はリウマチを患っていたので、あまり長い距離を歩くことができず、近所の店での買い物が精いっぱいだったのです。

フランスやスペインでも、食料品や雑貨類は個人商店の方が品ぞろえが良く、質の高いものが並んでいます。パリから電車で少し行ったところにあるポワシーという自動車工場が立ち並ぶ郊外の町に滞在したときも、地元の人が買い物をするのはやはり昔ながらの商店街でした。野菜や肉をグラム単位で買う八百屋や肉屋が人気で、買い物かごを持った人がフランスパンを抱えて歩いていたりします。

一方、スーパーや大型店の商品は品質が若干微妙で、品物の管理も日本に比べるとずさんです。そこで働いている人たちはあくまで「雇われている」という感覚なので、仕事が雑になりがちです。その点、個人商店ならお客さんは「自分のお客様」、商品は「自分の店の品物」ですから、商売にも熱が入るわけです。

こうした昔ながらの個人商店は、特に高齢者にとっては助かります。車や交通機関を利用しなくても行けますし、店主とも顔見知りなので、重いものを家まで配達してもらったり、欲しいものを注文して取り寄せてもらったりすることもできます。

なじみの店をつぶさないように、値段が少し高めでもその店に行くようにしているという人たちもいます。このような個人商店のビジネスの存続まで考えて行動する人たちの存在も、私にとっては新鮮でした。

金融街のすぐそばに青空市場があるイギリス

イギリスの場合は、欧州大陸に比べて大型商業施設の建設に対する規制が緩く、ビジネスを重視するお国柄ですから、こういった個人経営の店は若干少なめになります。しかし、それでも日本に比べるとまだまだたくさんの個人商店や市場が残っています。

イギリスのコンビニエンスストアはチェーン店ではなく個人経営で、多くの場合移民してきた人がやっています。一見すると、日本の昭和40年代のタバコ屋のような店ばかりで、店のシステムも売っているものも日本に比べると大変アナログで、顧客情報を記録するような高度な電子機器もありません。チケットは売っていませんし、公共料金の支払いもできません。また、例によって品物はほこりをかぶっていたりします。

イギリス、リンカーンシャー郡の郊外にある個人商店。

しかし、日本のコンビニのように、本部の経営判断でいきなり移転したり、閉店したりすることはないですし、フランチャイズの本部が加盟店に多大なノルマを課すということもありません。実は、至極健全な仕組みのように思います。

また、日本ではコンビニでもできる公共料金の支払いやチケットの発行は、インターネットや郵便局で簡単にできるので、特に困ることもありません。

さらに、イギリスは欧州大陸と同じように青空市場がとても盛んです。

ロンドンの中心でもウィークデーに毎日市場が立ちます。金融街《シティ》のすぐそばの繁華街で野菜や肉、どこから持ってきたかよく分からないガラクタやゴムひもなどを売っています。

市の中心部であっても、中世から続いている青空市場が今も健在で、何かを売りたい人は、自治体から許可をもらって商売を始めることができます。東京であれば銀座や六本木のど真ん中に、とれたての地場野菜やケバブ、インドカレー、ゴムひも、謎の電池などを売っている屋台が出ている感覚です。

金融街に勤めるトレーダーが昼休みに市場でイチゴなどを買って、近所の墓場に座ってムシャムシャと食べていたり、仕事帰りに野菜やパンを買っていたりします。職場の同僚と市場や屋台でお昼を買って、公園で地べたに座って食べることも普通にあります。日本から来た人をそういった青空市場に案内すると、まるで昭和30年代のようだと言って驚かれます。

この金融街近くの市場は、車が進入禁止になっていて駐車場もないので、バスや電車で行き、重い荷物は麻の買い物バッグや籐《とう》のカゴ、日本でおばあさんたちが使っているようなショッピングカートに入れて引きます。私もショッピングカートを愛用しています。イギリスでは若い人たちも使うので、ちょっとおしゃれな雑貨屋でも売っていて、さまざまな色や柄のものがあります。

市場の品物はスーパーよりも安く、新鮮な地元産の野菜や果物、規格外の曲がった野菜などがたくさん売られています。さまざまな国の人が買いに来るので、見たことのない魚やスパイス、ハーブを見るのも楽しみのひとつです。

イギリスの青空市場は中世の頃から何百年も続いているところが少なくなく、日本だったら「つぶしてしまえ！」と、スーパーやデパートにするところでしょうが、イギリスの地元民はこういった市場《マーケット》を残すことを支持しています。

また、青空市場がある町は「マーケットタウン」とよばれ人気があり、不動産価格も高めです。マーケットがあることで町が活気づき、雰囲気が良いので住む場所としても好まれるためです。日本では新しいショッピングモールやスーパーのチェーン店を好む人が多いので、住む町に市場があることを評価するというのはちょっと面白いですね。

マーケットがあると、店主や売り子の人たちとの会話が生まれますし、散歩がてらに買い物ができますから、高齢者にとっては買い物が楽しいものになります。ロンドンのような大都市ではない地方都市でも、町の中心にマーケットがあったりして、歩いていくことができます。

日本では町づくりに際して、新しいものやハイテクなものを取り入れることばかり考えてしまいがちですが、こういった古い仕組みを残すことは、実は高齢化社会にとっては非常に大切なのではないでしょうか。

もちろん、ヨーロッパでも郊外に大型ショッピングモールは増えているのですが、アメリカや日本に比べるとまだまだマイナーな存在です。イギリスでは欧州最大手のWestfieldが巨大なショッピングモールをいくつか建設していますが、どれも日本やアメリカに比べると小規模です。

「広場」というオアシス

こうした古いつくりの町にはたいてい広場がありますが、ヨーロッパの老人たちが心に余裕を持てるのは、この広場の存在も大きいと感じます。

欧州における広場の出現は、古代ギリシャに遡ります。

古代ギリシャの都市国家の中心には、「アゴラ」とよばれる公共広場がありました。これはギリシャ語で「皆が集まる（開かれた）場所」という意味で、この広場にギリシャの自由民が集い、政治や経済、文化を論じたことからギリシャ文明の核であったともいわれています。

アゴラは市民集会のほか、裁判や交易などの場ともなっていました。

当時のギリシャには、当然ながらインターネットはなかったため、多くの人に自分の思想やメッセージを伝えるにはこの広場で演説することが大変有効でした。自分の意思を伝えることで大衆をコントロールすることもできたわけです。

さまざまな人が集まることで理論を発展させ、新しい考え方を生むことも可能になりました。ある日、アゴラに集った若者たちに人生の意味を問いただしたのが哲学者のソクラテスです。そしてソクラテスの演説を聞いていた若者のひとりが後のプラトンです。

このように欧州の広場は民主主義の原点であり、哲学の発展にも大きく寄与し、その一方で市民の憩いの場としての役割も果たしていました。

欧州における広場の存在には、キリスト教が大きく関わっています。教会は広場を、権力を行使し社会的安定を図るための道具と見なしており、そのため広場は教会前に置かれました。建築家たちも、広場を中心に都市の景観を設計することを重視しました。

中世初期にカトリック教会は宗教と商業の場所を分離し、屋外の広場は主に商取引や処刑を行う場所となりました。

ルネサンス時代には、建築家や画家、彫刻家などの専門職が確立し、相対的に職人や商人の地位が下がったため、広場の重要性も若干薄れます。

しかし、19世紀になると、ヨーロッパでは工業化が進み、都市部に人が集まるようになります。その結果、憩いや娯楽の場として広場が見直されることになるのです。

広場は人が集まるだけでなく、周りを眺めるだけで時間を過ごすことができる場所です。そこには彫刻があったり、花が植えられていたりして、人が座れるように必ずたくさんのベンチが設置されています。

欧州では夏になると広場に屋台が出て、日光浴をしながらお昼を食べる人が多い。1食500円ほどで世界各国の料理が楽しめるため、食べに来る高齢者も大勢いる。

フランスの南東部に位置するニースの公園。フランスにも日光浴ができる公園や広場が多く、高齢者の憩いの場になっている。

年金生活を送る高齢者たちにとって、お金を使う必要がなく、ちょっと腰を下ろして、彫刻やたくさんの花、大道芸、犬や猫と遊ぶ人たち、子供、物売りなどを眺めていられる広場に行くのは楽しみであり、外に出る良い機会になります。気分も晴れますし、広場を散歩することで運動にもなります。老人が何もせずに時間を過ごしていても、目立つこともありません。

イギリスだけでなく欧州大陸は全体的に税金が大変高いのですが、こういった景観の整備にも税金が使われています。

面白いのは、荒れた町があるとまず自治体が着手するのが、広場など公共の場所の景観の整備だったりすることです。ゴミを排除し、花を植え、ベンチや噴水を設置して雰囲気を良くし、その地域の犯罪を減らそうとします。

こうした取り組みによって、犯罪が抑制されるだけでなく、町に住む高齢者や障害を持つ人たち、失業している人たちも広場を楽しめるようになるので、広い意味での福祉につながるのです。

第4章

人生を楽しむ欧州の老人

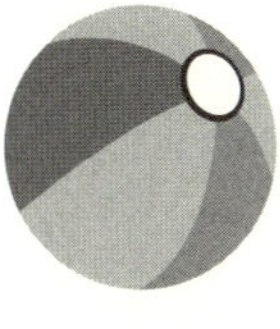

無料の野外イベント

ヨーロッパは日本とは異なり、無料の野外イベントがたくさんあります。国が芸術の振興を支援しているフランスやオーストリア、ドイツなどでは特に、無料のコンサートやダンスフェスティバル、お祭りやカーニバルなどが数多く開催されます。また、これらの催しには、観光客を国内外から呼び寄せるという目的もあります。ヨーロッパは冬の寒さが厳しいため、こうしたイベントは主に春から夏にかけて行われることが多いのですが、その数は膨大で、全部にはとうてい参加し切れません。無料のイベントや音楽祭などがあまりにも多いために、民間事業者が開催する有料のイベントが儲《もう》からなくなってしまうという声もあるほどです。

ドイツやフランスなどでは芸術への手厚い支援があるため、イギリスやアメリカから移り住む音楽家や舞踊家たちもいます。

これらの国では、芸術というものに対する考え方が日本やアメリカとは根本的に違うことを実感します。芸術を尊ぶ気持ちが強いというだけでなく、芸術は世の中を豊かにし、町を活性化させるものだという考え方がその根底にあり、広場などの景観の整備と同様、芸術の保護も福祉の一環であると捉えられているのです。

ロンドンの王立植物園、キューガーデンでのイベント。欧州各国では夏になると、あちこちの公園で有償・無償のコンサートが開かれる。さまざまな年齢層の人がピクニックセットを持って見に来る。

確かに高齢者の視点で考えてみると、こうした無料のイベントやフェスティバルが充実していれば、外に出かけるきっかけにもなりますし、生活が豊かになります。

気分の落ち込んだ高齢者を多額の医療費をかけて治療したり、高齢者だけが集まるデイケアセンターをどんどん作ったりするよりも、さまざまな年齢層が集まるイベントやフェスティバルを盛り上げた方が、実は高齢者にとっても良いことなのかもしれません。

お金をかけずに楽しめる場所があれば、高齢者だけでなく、失業者やシングルマザー、障害のある人などにとっての気晴らしの場にもなります。

芸術や歴史も、無料で楽しめる

イギリスや欧州大陸に住むことのもうひとつの利点は、世界に誇る芸術や歴史を、無料《ただ》または極めて安い値段で楽しめる機会が多いことです。日本に比べると費用がとにかく安く済み、高齢者は公共交通機関の利用が無料だというところも多いですから、家でサンドイッチやおにぎりを作ってバスや電車で行けば、お金をかけずに博物館や美術館で超一流レベルの文化や芸術に触れることができます。

もちろん、日本にも博物館や美術館はありますが、質と規模において欧州の比ではあり

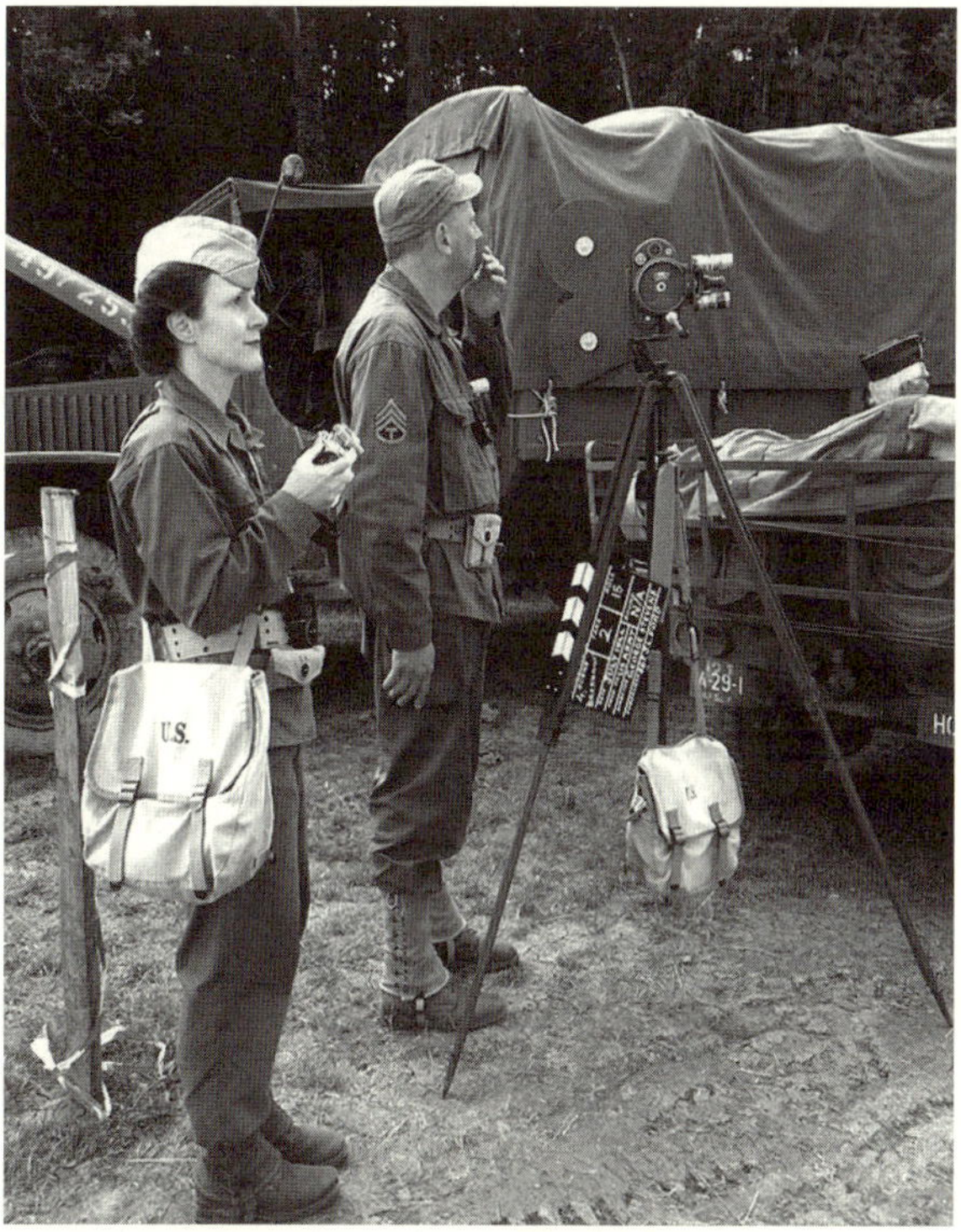

世界最大のミリタリーフェスティバル「War And Peace Revival」にて。毎年ロンドン近郊で開催され、コスプレをするシニアも多い。

「War And Peace Revival」は自家用の軍用車両や戦車の祭典でもある。300万円ほどから購入でき、専用の車両保険もある。普段は駐車場に止めてあるが一般道を走ることもできる。

さまざまな時代のコスプレや一般住宅の再現に熱心なシニアも多い。修復された軍用グッズやアンティーク品の販売も行っている。

第二次世界大戦直後に連続殺人が起きた通りの再現。「War And Peace Revival」では昔の民家を再現し、犯人がカーテンの陰からこっそり覗いている。

イベント会場のカフェは第二次世界大戦時の食堂を再現。当時の看板や窓も細かく再現されている。アンティークの茶器で昔ながらのケーキやお茶が楽しめる。

ません。欧州は有料の展示であっても、同じ金額で日本の3倍から5倍ぐらいの価値《ベネフィット》があるように感じます。

イギリスの美術館や博物館の多くは無料で入ることができ、それは地元の人だけではなく旅行者も同じです。

イギリスで特に有名なのはロンドンの大英博物館ですが、そのロビーには、寄付金を受け付ける募金箱はあっても、入場料を払う窓口はありません。誰でも自由に入ることができ、建物自体も大変豪華で、天然石でできた床や壁は日本ではなかなかお目にかかれないような代物です。

大英博物館には、エジプト考古学最大の発見といわれるロゼッタストーンが展示されているほか、エジプトのミイラや古代遺跡、シリアやイランの巨大な彫刻や絵画などが展示されています。とにかく日本では考えられないスケールで、このような展示品が随時入れ替わります。

ロンドンだけでなく、イギリスはケンブリッジやオックスフォードなどの大学がある町も博物館や美術館が充実しており、その多くは入場無料です。ケンブリッジだけでも、一日ではとても見て回れないほど充実していますが、夏のピーク時以外は人が少なく、かなり空いています。大学の施設のため、時には研究者による無料レクチャーが行われたり、

大英博物館に展示されているローマ時代の大理石像、「恥じらいのヴィーナス」。

ケンブリッジ大学の学食。イギリスの高齢者の中には大学街に住む人も多い。学生向けの安い食堂やカフェが多く、治安が良い上に、大学のイベントや博物館も無料で楽しめる。

参加者との交流会などが催されたりします。これらは一般に開放されたイベントなので、定年退職した高齢者が参加することも少なくありません。一流の研究者や芸術家が登壇するので、一般のカルチャーセンターよりも内容が充実していますし、何より無料です。高齢者の中には、このように文化に触れて楽しむ機会が多い大学街をわざわざ選んで住む人もいるほどです。

芸術大国として知られるフランスでも、無料公開されている美術館や博物館は山ほどあります。有料の展示も毎月第一日曜日には無料になるなど、お金をかけずに世界的な美術品や展示物を誰もが楽しむことができます。

こうした文化施設を無料または安く提供できる理由として、国が税金を使って保護していることがあります。さらに、富裕層や貴族が自らの財産を国に寄付することが盛んだということも挙げられます。税金対策という面もありますが、日本と異なるのは、家や美術品などの財産を身内に残すよりも、国や自治体に寄付する人が多いことです。欧州では普段から寄付や慈善活動が盛んであり、その背景には、社会に貢献して功徳を積むことは神への奉仕である、というキリスト教的な考え方があります。

このようにヨーロッパの老人たちは、お金をかけずに優れた芸術や文化に触れ、楽しむことで心が穏やかになりますし、時間の使いみちもあるので、日本の老人のように病院や店で文句を言って時間をつぶす必要がないのです。

〈常設展が無料の博物館や美術館の例〉

・パリ市立美術館（プティ・パレ）……アールヌーボー作品、モネ、ゴーギャン、ルノワールといった印象派やポスト印象派の巨匠の作品から古代のコインの展示まで幅広い。

・パリ市立近代美術館……20世紀の作品が中心。ピカソなどの作品を展示。

・カルナヴァレ美術館（パリ歴史博物館）……ルイ15世、16世時代の調度品や美術品、マリー・アントワネットの私物などを展示。（改修工事のため、2019年末まで閉鎖）

・アムステルダム市公文書館（Stadsarchief Amsterdam）……歴史資料に見応えがある。

・ベルリンの壁記念館（Gedenkstätte Berliner Mauer）……ミリタリー系の展示が充実し

ている。

・デンマーク国立博物館……バイキングの歴史が面白い。

〈毎月第1日曜日が無料になるパリの美術館〉

オルセー美術館、オランジュリー美術館、ポンピドゥー・センター、クリュニー中世美術館、ピカソ美術館など

「成熟社会」は老人が過ごせる場所が多い

ヨーロッパには、ほかにもお年寄りが過ごせる場所が結構たくさんあります。その代表例が、図書館です。欧州では高齢者の利用者が多いということで、図書館はお年寄りになじみのある古くからの建物であったり、昔ながらのランチメニューを出すカフェを併設していたりします。

一方で、日本では最近、スターバックスコーヒーと図書館を合体させてウルトラモダンな建物にしてしまったツタヤ図書館が話題になりました。

私は以前、神奈川県海老名市のツタヤ図書館に取材を兼ねて60代の母親を連れて行ったことがあるのですが、母はコーヒーの値段も高く、内装は若者向けで年寄りには居心地が悪いと嘆いていました。

館内には高齢者が新聞や雑誌をゆっくり読めるようなスペースはなく、駐車券の認証機は難しくて使い方が分かりません。かつては通《つう》な感じの高齢者がクラシック音楽を聴いて楽しんでいた視聴覚ブースは消えてなくなっていました。郷土史の資料や分厚いＳＦ映画の図録、高齢者や趣味人が楽しめるようなマニアックな書籍や雑誌も消えていました。

海老名市の若年人口は増えてはいますが、高度経済成長期に移り住んだ人も多く、高齢者も決して少なくありません。地元の人たちはこの図書館のことを「スタバ」と呼び、町に住む高齢者の多くはこの図書館には寄り付きません。

高齢者が増えているにもかかわらず、日本ではこのように、昔ながらの建物や仕組みを次々と取り壊し、若い人たちに受けるようなものが作られてしまっているのが現状です。企画する側が、自分の親たちの世代がサービスを利用する姿を想像できていないのかもしれません。

ヨーロッパの場合、図書館などの公共施設以外にも、老人が楽しんで時間を過ごせるところがあります。

例えば、ガーデンセンターという庭用品や植木などを売る店はカフェを併設していることが多く、多くの場合高齢者向けのメニューを提供していたり、車椅子でも利用しやすい作りになっていたりします。ランチはロンドン郊外でも6〜7ポンド（約800〜1000円）、サンドイッチセットが4ポンド（約600円）、お茶やコーヒーも1・5ポンド（約200円）前後と手頃な値段です。食べ物は日本の2倍から3倍のボリュームがあり、その場で手作りしたものです。一般的な飲食店だとその倍ぐらいします。

欧州のお年寄りたちはこういうところに来ておしゃべりを楽しんでいるのです。

文化施設や公共団体のボランティア

また、日本とずいぶん違うのは、文化施設や公共団体などが高齢者のボランティアを積極的に活用している点です。

通常、文化施設や公共団体にはボランティアを受け付ける部署があり、高齢者がガイドや案内人として活躍しています。施設や団体側は助かりますし、ボランティアをする人にとっても家から出るきっかけになります。さらに、現役時代に芸術や研究の分野で働いて

ガーデンセンター併設のカフェ。イギリスや欧州のティールームやレストランの多くは、高齢者向けにできている。

イギリスのチェーン店、Café Rougeはフランス風。レトロな内装と心地よい家具で高齢者でも入りやすい。写真はガトウィック空港の支店。

イギリス北部のダラム郡のホテル。欧州は貴族の館を改装したクラッシックホテルやレストランも多く、地方には特に豪華な建物が残っている。ラウンジやロビーでお茶する高齢者も多い。

ドイツの温泉地、バーデン＝バーデン。ドイツは特に都市計画に力を入れており、このような公園が至る所にある。利用者の健康を考えてデザインされた散歩道は快適で、高齢者も多い。

いた人が、自分の知識や経験を生かす良い機会にもなります。

日本ではボランティアというと、義務感がつきまとったり、何か特別なこと、という感じがしますが、こちらではあくまで趣味の延長という感覚で気軽に取り組んでいる人が多いように思います。

そもそも「ボランティア」という言葉は、英語で「自発的に行う」という意味であり、無報酬で行うとか、奉仕するという意味ではありません。自分の意思で何かをする、ということにすぎませんから、日本に比べてハードルが低いのです。

ボランティアは博物館や美術館のほか、募金活動、低所得者向けのスープキッチン（食事支援）、子供に何かを教える、図書館で絵本の読み聞かせをする、公園の清掃整備に参加する、地域の集まりで自分の現役時代の活動についてスピーチする、なども気軽に行っています。

ただし、皆さんあくまで自分が楽しむためにやっているので、組織内の政治や軋轢《あつれき》、競争とは無縁です。

意外と濃いヨーロッパの家族関係

意外に思われるかもしれませんが、ヨーロッパといっても、すべての地域の人たちが日本人の想像するような「欧米」の個人主義的な生活を送っているわけではありません。

個人主義が強いイギリスでさえ、家庭や地域によっては日本以上に付き合いが濃いことがあります。家族間の行き来も日本に比べるとはるかに多く、クリスマスやイースター、夏休みに家族や親戚と大勢で過ごすことは珍しいことではありません。

そのため、休暇の時季には大人数で遊べるゲームや大皿がたくさん売れますし、クリスマス用の食材も大人数用のパック商品が多く出回り、一人用のものを探すのはかなり難しくなります。個人主義的に見えるイギリス人でさえも、家族の関係は予想以上に親密だということです。

ヨーロッパの南の方に行くと、家族関係はさらにベタベタしたものになります。

イタリアの場合には、毎週末に家族や親戚と集まって食事をするのが当たり前だという人も少なくありません。

夏の旅行も夫婦と子供たちだけではなく、そこに年老いた両親や親戚たちが加わり、大所帯で長期滞在型のリゾートを楽しみます。行き先は毎年決まっているという家族も少なくありません。休暇といっても観光や買い物に忙しくするわけではなく、毎日飲んで食べて、昼寝をして、家族とおしゃべりをして過ごします。休暇の概念が日本とは根本的に違うのです。

イタリアでは大人になってもおばあちゃんが作ってくれた料理の話をしたり、今度の週末はおばあちゃんの家に行く、などと平気で言ったりします。

私の元同僚たちも例外ではありませんでした。最初の頃は、いい大人がおばあちゃんおばあちゃんと言うことにちょっと驚いたのですが、イタリアの家族関係を観察していると、その距離感が日本よりずっと近いということが分かり、納得しました。

スペインやギリシャの人たちの家族関係も、日本よりずっとベタベタしています。そのため、こうした国々では保育サービスが日本ほど発達していません。保育施設がないわけではないのですが、子供はおじいさんやおばあさんやほかの親戚が見ることが当たり前なので、日本ほど保育園や保育所が多くないのです。ただ、共働きも珍しくないため、家族に頼らないとどうしても子供を育てることは難しくなります。

これは女性の社会進出がヨーロッパ南部よりはるかに進んでいるイギリスでも同じです。祖父母が孫の面倒を見るケースも実は少なくなく、公園に行くとおじいさんおばあさんが子供の世話をしているのを見かけることが時々あります。子供の面倒を見てもらうために親と同居することも珍しくなく、むしろ日本の方が家族関係はドライな感じです。東欧やロシアも、家族関係は日本で考えられているよりもずっと緊密です。

日本でもかつて田舎の方ではそうでしたが、家族関係が近いことには良い面もあります。お年寄りは孤独を感じることがなく、孫の面倒を見たりすることで役割が与えられるので退屈もしません。

日本の高齢者が暴走してしまう理由のひとつには、家族との関係性が薄れてしまっていることもあるように思います。

年をとっても恋する高齢者たち

欧州の高齢者を見ていると、いくつになっても恋人ができたり、再婚したりする人が少なくないことに気づきます。もちろん、ヨーロッパ南部の保守的な国や田舎の方では顔をしかめる人もいるのですが、全体としては年をとっても男女関係を楽しんでいる人が多いように思います。

例えば、私の義両親のお友達で75歳を過ぎてから結婚したカップルがいます。

デビッドさんは長年ホテルのレストランでマネージャーとして勤務し、これまでずっと独身でした。髭《ひげ》をたくわえた恰幅《かっぷく》のいい紳士で、大変なおしゃべり好きです。奥さんのマーガレットさんは企業の人事部で働いていた方で、30代の頃に離婚して、一人息子をシングルマザーとして育ててきました。

ふたりはクルーズ旅行で知り合い、付き合って15年になりますが、当初は結婚する気はなかったそうです。デビッドさんは、自分が先に亡くなった場合にマーガレットさんに遺産を残したいと考え、正式に結婚することにしました。

彼らの結婚に対する子どもや親戚たちの反応は、本人たちが幸せになるのなら良いのではないかと大変おおらかなものでした。

ふたりは将来の介護や孫の面倒をみることを考えて、今ではマーガレットさんの息子さん夫婦の住む町に引っ越し、海が近いのでクルーザーを買って海辺のレジャーを楽しんでいるそうです。

年をとっても男であること、女であることを忘れないというのは、フランスやイタリア、スペインに行くと特に強く感じます。

イタリアでは、70代、80代の男性でも、温泉場のダンスパーティーで女性の手を取ってちょっと気の利いたことを囁《ささや》いてナンパしたりします。その場に外国人の女性やちょっと若い女の人がいると、たちまち老人たちは活気づいてしまいます。私がこれを実感したのは、母とイタリアのある温泉街を訪れたときでした。私たちは腰痛や肩こりを治したいと思い、タオルや水着を持って温泉に向かっていました。ホテルの前で開かれていたダンスパーティーの会場の前を通り過ぎたところを、おじいちゃんたちに目ざとく見つけられ、手を引かれてパーティーに参加することになってしまったのです。

私は子供だと思われたようで相手にされなかったのですが、実際は60代なのに40代ぐらいに見られた母は大人気で、いろいろな人からダンスの申し込みを受けて踊るハメになってしまいました。

これは温泉場に限ったことではなく、イタリアでは空港やカフェといったあらゆるところで、おじいさんたちが母をナンパしてくるのです。また、私自身もイタリアに住んでいるときにバス停や道を歩いていて、最高齢で80代ぐらいのおじいさんにナンパされたことがあります。私はてっきり友達になりたいだけなのかと思い、自分の名刺を渡したところ、会社宛てに熱心な手紙が届くようになり、妻はいるがなんとか仲良くしてもらえないかというような内容が一生懸命書かれていました。

イタリアのおじいさんたちは、とてもおしゃれでエネルギッシュなのですが、これは年をとっても男であることを忘れず、女性を見たら常にチャンスをうかがって付き合ってみようと思っているからなのかなと思いました。

私と同じ職場にいた熟年の男性たちも同じで、仕事の内容は大変地味であるにもかかわらず、オーダーメイドのスーツを着こなし、髪型も朝からばっちり決め、素敵な香りのコロンをつけて女性たちに気の利いた言葉をかけているのです。

私のボスは50代も後半になるというのに、エステでの爪の手入れと日焼けサロンでの日焼けを欠かさない人でした。イタリアでは日焼けというのはおしゃれの象徴ですから、床屋に行くのと同じような感覚です。

日本では、女性も男性もある程度の年齢になると、おしゃれをしたり異性と付き合うことはよろしくないという風潮があったりしますが、それでは生活から楽しみと潤いが奪われてしまい、もったいない気がします。

ファッションに年齢は関係ない

年をとってからも恋愛を楽しむ高齢者たちに共通しているのが、先ほどの職場のイタリア人もそうですが、お年寄りになってもおしゃれな人が多いということです。

おしゃれといってもブランドものを身につけるということではなく、本当にちょっとしたことです。イギリスのネイルサロンでは、マニキュアを塗ってもらう高齢者の姿を見かけることが珍しくありません。70代、80代のおばあちゃまたちの爪がとてもカラフルなのです。高齢者センターでもネイリストや美容師の訪問があったりして、安くサービスを受けられます。

年をとったからこそ、カラフルでビビッドな色を上手に着こなす人もいます。服装に関してもあまり年齢を気にせず、若者向けの店で買い物をしたり、孫と一緒にショッピングに出かけたりしています。年配者向けのブティックに行く人もいますが、日本と比べると全体的に華やかな服装の人が多いように思います。

イギリスで高齢者のアイドルとして有名なのが、ツイッギーという1960年代に一世を風靡《ふうび》したモデルさんです。彼女は昭和40年代から50年代にかけて日本でも大人気だった人ですが、68歳になった今でも女優や歌手、ファッションデザイナーとして活躍しています。M&Sといった大手小売企業と共同で高齢者向けのコレクションを発表して、そのモデルも務めているのですが、彼女の服は30代や40代の人が着ても違和感がないようなおしゃれなものです。

イギリスの男性は、イタリアやフランスに比べると、服装や髪型にそれほどこだわりませんが、年配の男性の中にはおしゃれな方も結構います。例えば、夏になると真っ白なスーツにカンカン帽をかぶってクリケット観戦をしたり、競馬を見に行ったりします。ちょっとしたレストランで食事をするときも、ジャケットにネクタイを締めておしゃれをして出かけます。田舎の貴族の館には、ツイードのジャケットにズボン、ハンチング帽というカントリースタイルで決めたおじいさんたちが来ていることもあります。年をとったからこそ、似合うファッションです。

フランスやイタリアは、イギリスよりずっとファッションコンシャスですから、高齢者もとてもおしゃれです。

イタリアのおばあさんたちのファッションは見ているだけで楽しく、時には度肝を抜かれることがあります。ヒョウ柄や虎柄のトップスやスカートが大好きで、お金がない場合には青空市場で探してきて上手に着こなしています。

彼女たちが身につける指輪やネックレスは、日本の感覚からすると文鎮のようなサイズで巨大です。中には奴隷の首輪のように見えるものや、メタルバンドの衣装のようなアクセサリーもありますが、それがまたヒョウ柄のトップスに大変似合っているのです。

夏は胸元を出すのがおしゃれです。高齢であっても日焼けでしわしわになった肌をバンと見せつけます。胸元が大きく開いていることが多いですから、胸の谷間を見せているおばあさんもいます。そして、年をとっても堂々とノースリーブやワンピースを着こなしています。

冬になると、今度は毛皮のコートを着てスーパーやバールに繰り出します。私は最初、イタリアのスーパーにやたらと毛皮のコートを着た人がいるので、いったい何のイベントだろうと思ったのですが、毛皮のコートが普段着なのです。同伴して買い物に来ているおじいさんはカシミヤのコートにネクタイというういでたちです。この人たちは富裕層というわけではなく、単にその辺に住んでいる人たちです。

スペインやポルトガルも同じような感じで、南ヨーロッパの高齢者たちは皆かなりおしゃれです。見栄っ張りなのもあるのでしょうが、ファッションは彼らにとって大事な楽しみの一部なのでしょう。この辺りは、日本とはずいぶん感覚が違うように思います。

その日何を着ようか、どんなアクセサリーをつけようかと考えることは、生活に刺激を与えてくれます。私は日本の高齢者も、もっと派手で楽しい格好をしたらいいのにな、と思うことがあります。

コラム 2

大英博物館の有料会員向けサービス

ヨーロッパの博物館や美術館は常設展が無料のところが多く、展示物もかなり充実していますが、特にユニークだと思うのが有料会員向けのサービスです。これは美術館や博物館の会員に年間パスを購入してもらい、その代わりにさまざまな特典を提供するというものです。

例えば、有名なところでは大英博物館の有料会員サービスがあります。[★18]

大英博物館には常設展のほかに有料の特別展もあり、入場料が1500円から2000円ほどです。有料会員になると、特別展が見られるほか、考古学の研究者などが講演する会員限定のイベントに招待されたり、専用のカフェを利用したりすることができます。年会費は1万円ぐらいです。有料の展示を年に4〜5回見ることができて、さらに会員限定の無料イベントに1回か2回参加すれば十分に元が取れます。

会員専用のカフェは手頃な値段でお茶とケーキを楽しめて、コワーキングスペースの代わりに使っている人もいます。コワーキングスペースを利用すると1日に3000円から5000円ほどかかることもあるので、大変お得な値段ではないでしょうか。

このようにとてもお得な制度なので、高齢者の会員も多く、イベントもカフェも大盛況です。

会員向けのイベントでは博物館の舞台裏の紹介、学芸員への質疑応答、展示物保存の実演、映画の上映、音楽の演奏などが行われます。施設の内部を知ってもらうことで継続的なファンが付き、高齢者の中には資産家もいるので、熱心な支援者になってもらえば、財産を寄付してもらえる可能性も高まるというわけです。

日本の高齢者の中にも、芸術や歴史に触れたいと思っている人は多いはずなので、日本の博物館や美術館もこのような双方向《インタラクティブ》で内容の濃い会員向けの特典を増やせば、高齢者も喜び、博物館や美術館の支援者も増えてWin-Winの関係になるのではないでしょうか。

第5章

欧州ではどのように老後資金を準備しているか

欧州は医療費が無料の国が多い

幸せな老後に欠かせないのは、やはり何といってもお金です。お金がなければ健康を維持することもままなりませんし、外出するための交通費も捻出できなくなります。

老後の家計で、多くの人がまず心配するのは医療費でしょう。

日本では高齢になっても健康保険料を支払うことが義務づけられており、医療費の一部も負担しなければなりません。1カ月の間に支払った医療費が上限額を超えた場合に、超過分の金額が支給されるという高額医療費支給制度はありますが、入院時の差額ベッド代や食費は自己負担ですので、ちょっと入院するとすぐに20万円、30万円というお金が出ていきます。

その点ヨーロッパでは、医療費に関してはそれほど心配する必要がありません。欧州の国民健康保険制度は日本と同様、国民から徴収した保険料を国の公的な保険として医療費に充当するというものですが、日本と異なるのは、自己負担分がほとんどなかったり、かなり安かったりすることです。[★19]

イギリスにも国民健康保険制度はありますが、日本のような会社の健康保険は基本的にあ

■EU諸国の国民皆保険制度

基本的なサービス群の健康保険範囲、2014年（もしくは最新の年度）

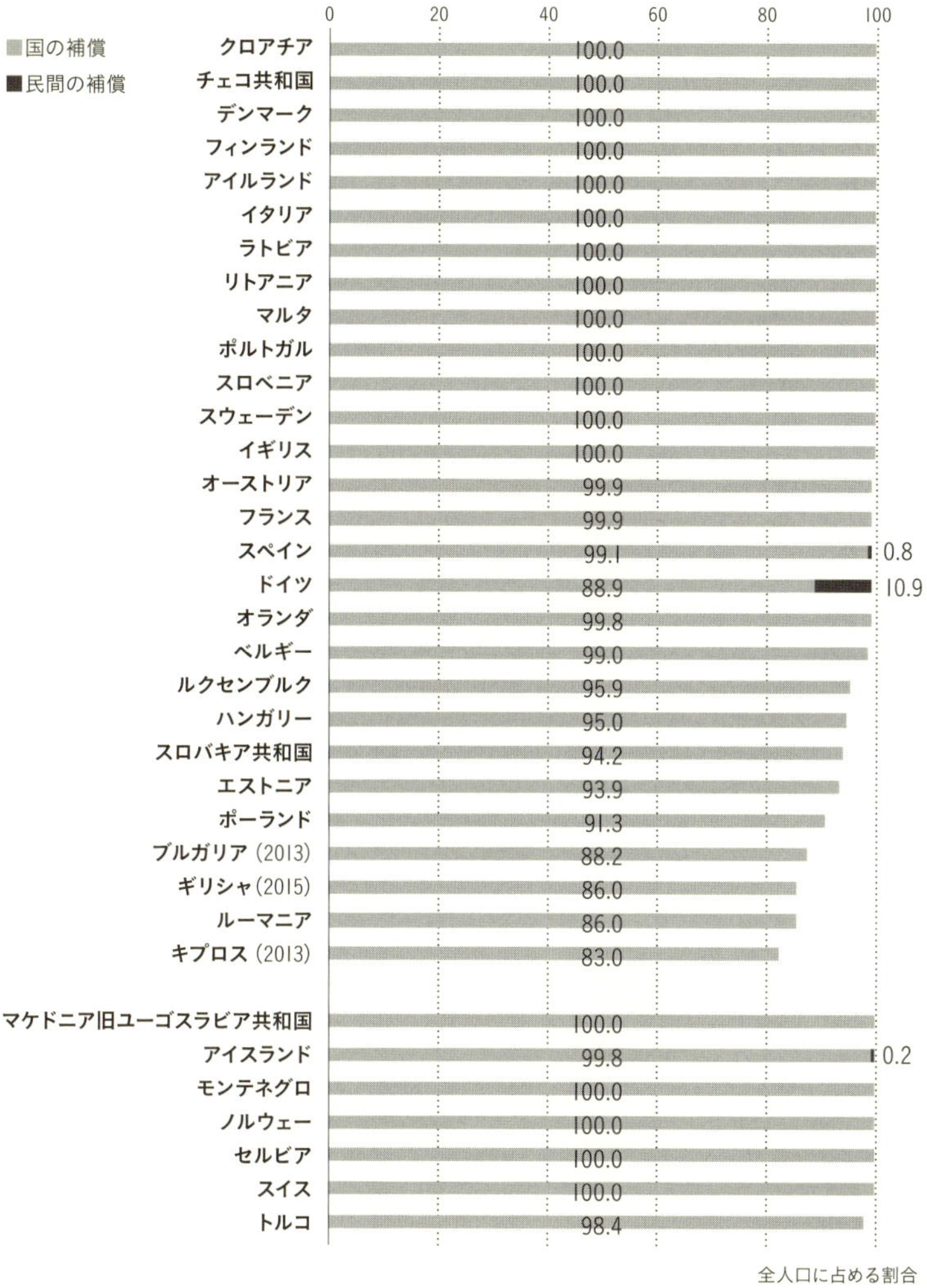

出典：OECD（経済協力開発機構）保健統計2016年

りません。イギリスの国民と永住者全員が加入する国民皆保険制度はナショナルインシュランスとよばれ、国民健康保険と国民年金を併せたようなものです。収入に応じて保険料を支払う仕組みになっているため、無収入の人や低所得者はほとんど保険料を払わずに済み、高齢者も支払いを免除されます。

ナショナルインシュランスに加入していれば、基本的に、NHS（National Health Service）とよばれる国立病院での医療に関わるお金は一切かかりません。

病院で薬を出してもらう場合には、処方箋一通につき800円程度の費用はかかりますが、これは風邪であってもがんであっても同じです。補助器具や装具といったものの費用についても自己負担はありません（国立病院の駐車料金が無料ではないことについては現在問題になっています）。

ただし、病院で治療を受けるまでの待ち時間の長さは、住んでいる地域や通っている病院の医療従事者の数、あるいは医療設備や入院病棟の数に左右されるため、患者が早く治療をしてほしいと要求することはできません。

決定するのは、あくまで病院側です。

ですから、比較的軽い皮膚病などの命に関わらない病気の場合には優先度が低くなり、待ち時間が数カ月から2年ということもあります。待っている間に症状が改善して治ってしまう人もいます。

一方で、脳梗塞や子供の病気などの緊急を要する疾病や、交通事故といった命に関わる場合にはすぐに治療をしてもらえます。症状が重ければ、優秀な専門医がいる病院に回してもらうこともできます。しかし、治療の優先度の決定はあくまで医師が行い、患者側が「選ぶ」ことはできません。

そのため、例えば子供が難病で死にかけていたとしても、これ以上治療できないと医師が判断した場合には、延命装置がすぐに外されてしまうことがあります。これは貴重な税金を、これ以上改善する見込みのない患者の治療費や入院費のために使うべきではないという考えからです。

先日、イギリスで治る見込みのない乳幼児の延命治療をしないと告げられた夫婦が、アメリカの専門医に問い合わせ、まだ治療できる可能性があると言われたために生命維持装置を外すことを拒否し、イギリスの国立病院に対して訴訟を起こしました。

しかし、裁判でこの申し立ては却下され、生命維持装置は外されることになり、赤ちゃんは亡くなってしまいました。亡くなる前に赤ちゃんを家に連れて帰ることも許されず、病院側の非人道的な対応に大きな批判が巻き起こり、『デイリー・メール』などの保守系新聞を中心に非難キャンペーンが繰り広げられました。

このようにすべての医療費を国や自治体の税金でまかなわなければならないため、イギリスの国立病院は常に予算不足に陥っています。近年では医療ミスによる訴訟も増えていますので、そのための費用も病院の経営を圧迫しています。当然ながら医療設備も十分ではなく、日本やアメリカの病院のように完備しているわけではありません。

治療は最小限、寿命が来たら諦める

こうした状況は欧州大陸の国でも似たりよったりです。

フランスにも国民皆保険制度があり、基本的に患者が治療を受けたときに医療費の一部を支払い、後で払い戻しを受ける仕組みになっています。ドイツも国民健康保険制度はありますが、イギリスやフランスと違うのは、国の保険以外に民間の保険も選べるようになっており、柔軟性が高いことです。

医療レベルは日本と同程度かそれ以上の場合もあります。西ヨーロッパのほとんどの国に専門医制度があり、世界トップレベルの研究も行われています。分野によっては日本よりも進んでいるところもあります。欧州各国の人口1000人あたりの医師の数は、左ページの図にあるように日本より多くなっています。[★20]

■OECD加盟国の人口1,000人当たりの臨床医数

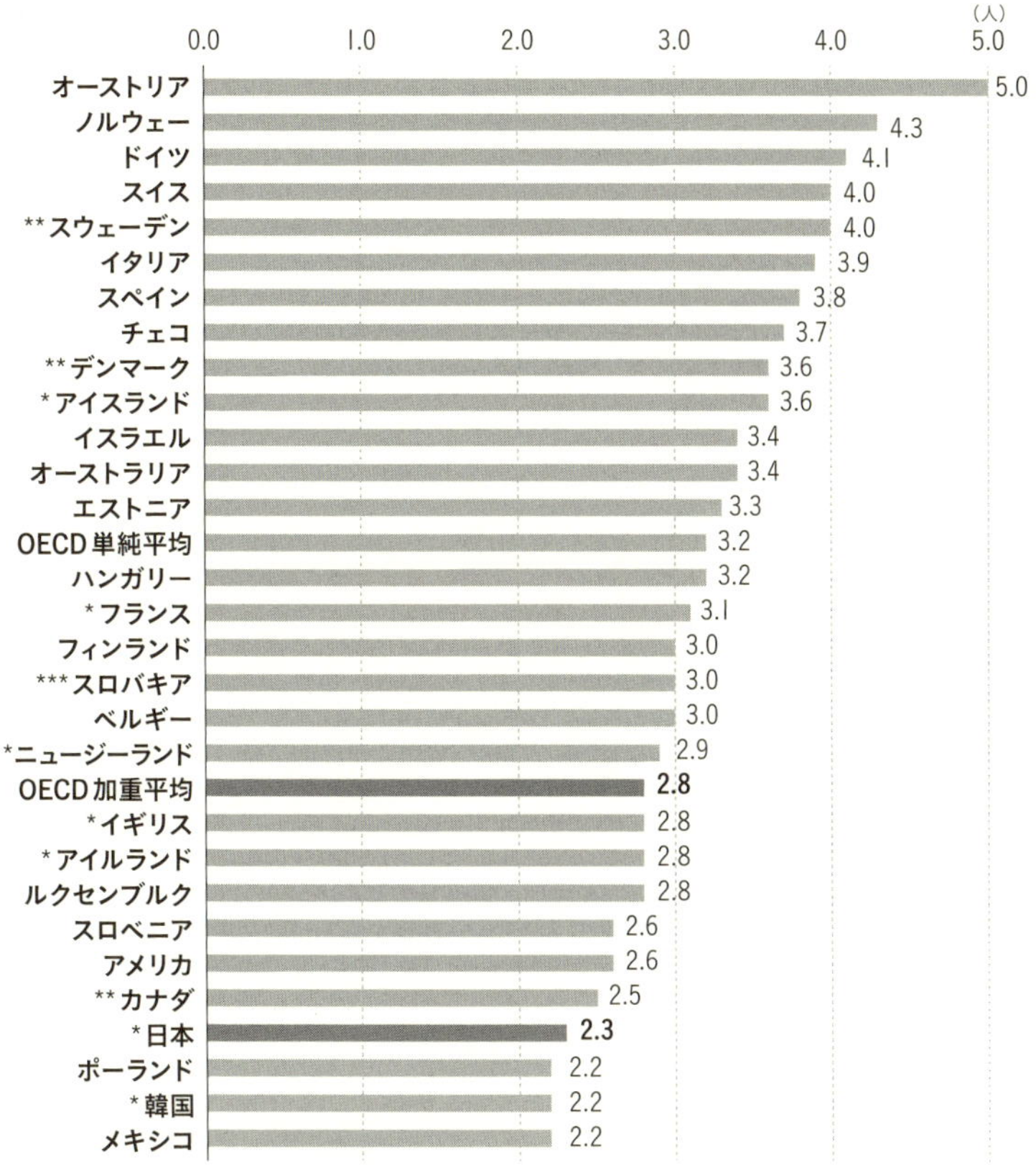

注1　「OECD単純平均」とは、各国の人口1,000人当たりの医師数の合計を国数で割った値。
注2　「OECD加重平均」とは、加盟国の全医師数を加盟国の全人口（各国における医師数の掲載年と同一年の人口）で割った数に1,000を乗じた値。
注3　*の国は2014年のデータ、**の国は2012年のデータ、***の国は2007年のデータ、それ以外は2013年のデータ。
注4　オーストラリア、フィンランド、イギリス、アイルランド、カナダは推計値。

出典：OECD Health Statistics 2015、平成26年医師・歯科医師・薬剤師調査

欧州の医療制度は基本的に個人の負担がないので、日本のように患者を治療すればその分病院にお金が入ってくるという仕組みにはなっていません。財源は税金や健康保険の掛け金ですから、年度の初めにあらかじめ予算額が決まっていて、そこから医師やスタッフの人件費を支払ったり、医療機器を購入したりします。治療を受ける人が増え過ぎてしまうと、予算不足に陥りシステムが破綻してしまいますので、入院日数は少ないほど良いのです。そのため、病床数は日本より少なく、患者の平均在院日数も短くなっています。

このような理由から欧州大陸でもイギリス同様、患者が検査や治療を極力受けないような方向に持っていきます。多くの国が借金を抱えているため、国民皆保険制度は年々苦しい状況になっており、財源不足から医療のレベルも下がる一方です。

早くに治療を受けたい人は私立病院に行き、自費で検査や治療を受けることも珍しくありません。ただし、私立病院の治療費は大変高額で、日本の2倍から5倍の費用がかかります。日本で100％自己負担で治療した場合の金額に相当しますから、ちょっとした検査でも3万円とか5万円かかってしまったりするのです。そのような場合には民間の保険を使いますが、その保険料も決して安くはありません。

したがって、最低限の治療を受けるためには公的な国の健康保険に頼り、どうしても早く治療したい場合や、特殊な治療が必要な場合には私立病院に行って自費で治療すること

■医療提供体制の国際比較 [★21]

日本の医療提供体制を諸外国と比較すると、平均在院日数が長く、かつ人口1,000人当たりの病床数が多いという特徴がある。

国　名	平均在院日数	人口1,000人当たりの病床数
日　本	30.6 (17.2) 長い	13.3 多い
ドイツ	9.1 (7.7)	8.3
フランス	10.1※1 (5.7)※1	6.3
イギリス	7.1 (5.9)	2.8
アメリカ	6.1※2 (5.4)※2	2.9※1

出典：OECD Health Data 2015
注1　「※1」は2012年のデータ、「※2」は2011年のデータ。
注2　平均在院日数のカッコ内は、急性期病床（日本は一般病床）の平均在院日数。

イギリスの国立病院の入院食。コストを削減するために病院食の多くはこのような冷凍食品を電子レンジで温めたもの。朝はトーストとジャムに飲み物。

になります。医療費が安いハンガリーやチェコスロバキアなどに行って治療を受ける人もいます。

このような状況があるため、欧州では一般的に高齢者の延命治療や胃ろうなどには消極的です。高齢者は治療において優先されませんし、口から食べられなくなったら「寿命です」と言われてしまうこともあります。患者や家族も、日本に比べると無理な延命は希望しないことが多く、このことには「命は神が決める」というキリスト教的な考え方も関係しているように思います。

国民皆保険によってある程度の安心感はありますが、「治療は最小限」、「寿命が来たら諦めましょう」というのが欧州の基本的なスタンスです。

欧州でも年金は大きな問題

日本だけでなく欧州でも年金は大きな問題になっています。特に公的年金は年々減額されている国が多く、支給開始年齢も段階的に引き上げられ、最終的には67歳～68歳からという国が増えています。

日本では欧州の国は高福祉国家というイメージがありますが、ヨーロッパも高齢者福祉に関しては決して夢の国ばかりではありません。

イギリスの場合も、居住者全員が加盟する公的年金の支給開始年齢はどんどん上がっています。支給額はインフレ率に完全に連動しているわけではなく、インフレ率を考慮すると年々減っています。２０１７年７月時点で週１２２・30ポンド（１ポンド＝１５０円で１万８３４５円）、４週間で７万３３８０円です。イギリスでは、外食費は日本の２倍以上、大都市圏では家賃等の生活費も高騰していますので、この金額ではとても暮らしていけません。

ヨーロッパの中では比較的裕福なドイツも、年金はかなり厳しい状況にあります。ドイツの年金制度はさまざまな職業別の年金に分かれていますが、年金制度改革を経て民間の年金保険に加入する人が増えています。[★22]

ドイツの平均的な公的年金額は２０１７年時点で月１４１８ユーロ（１ユーロ＝１３０円で18万４３４０円）ですが、所得税や健康保険料が引かれるため、実質の手取りはもっと低くなります。これでは生活できないので、ドイツ人の多くは確定拠出年金（私的年金）や年金保険などを自分で準備しています。

また驚くべきことに、近年ドイツでは高齢者の就業率が急激に上昇しているという事実があります。60〜64歳の就業率は、２００６年の29・６％から２０１６年には55・７％に、

65〜69歳の就業率は、2006年の6・6%から2016年には15・4%にまで上がっているのです。

ドイツ政府はこうした状況に対応するために、「フレキシ年金（Flexi Rente）」制度を導入し、以前は年金以外の収入が月450ユーロ（約6万円）を超えると、年金受給額が減額されていたのですが、現在では月525ユーロ（約7万円）までは、年金を満額受給できるようになっています。

ギリシャは2009年の政権交代後に前政権による巨額の財政赤字が発覚したのをきっかけに財政危機に陥り、今では年金額が最も低い国のひとつです。[★23]

財政破綻後のギリシャの公的年金は384ユーロ（約5万円）です。かつては年金の面で恵まれていた公務員や公営系企業の人の年金も大幅にカットされ、その額は年々減っています。この国の高齢者の45%が月に665ユーロ（約8万5000円）の年金しか受け取っておらず、これは貧困ライン以下の収入です。

ギリシャでは企業の経営破綻や国の財政破綻により、給料が支払われなくなることを恐れ、多くの人が早期退職しました。早い人では40代半ばで退職して年金を受け取る道を選びましたが、年金額があまりにも少ないためにほとんどの人が暮らしていけていません。

お金に対する意識が違う

このように福祉が手厚いというイメージのヨーロッパ諸国でも近年、年金制度の改悪が激しく、年金額は日本の国民年金とそれほど変わらない場合もあります。

しかしながら、日本と違うのは、かなり早い時期に、個人で老後資金を準備する人が少なくないことです。欧州は物価も高いので、お金に対する意識は、全体として日本よりはるかに高いように感じます。

お金に対して欧州一、投資の意識が高いのはイギリス人です。

中流階級以上のイギリス人の多くは、老後の資金は自己責任で用意するしかないという考えを持っています。イギリスでは最近法律が変わり、一定以上の資産を保有している場合には、介護費用をほぼ全額自己負担しなければならないという事情があるからです。そのため、介護が必要になった高齢者が、自分の死後に地方自治体が自宅を売却できる契約を結ぶなどして、自宅を担保に介護を受けるケースもあります。

ただし、低所得者の場合は、後先のことを考えず貯金もせずにお金を使ってしまう人も少なくありません。なぜそんなことができるのかというと、高齢になって自宅などの資産も貯金もない場合には、自治体や国が施設の入居費用や生活費を出してくれるからです。

医療費も無料のため、貯金をしておく必要がないのです。ただし、こうした状況で国が保証してくれるのは最低限のレベルの生活ですから、優雅な生活を送れるわけではありません。

また、ドイツの場合は介護保険の適用条件が日本よりも厳しく、基本的に中度から重度の「要介護」の人向けで、比較的軽い「要支援」レベルの人は対象になりません。

こうした状況の下、近年ではドイツや北欧諸国でも資産運用が盛んになっており、特に２０００年以降は運用している人としていない人の資産額の差が拡大しています。老後について心配している人ほど若いうちから金融の知識《ファイナンシャルリテラシー》を学び、さまざまな投資を行っているのです。

日本では老後資金というと、どうしても公的年金が話題の中心になりがちです。老後資金に関する新聞や雑誌の記事、テレビ番組などを見ても、公的年金の話がほとんどです。これはつまり、それだけで老後の資金をまかなおうと考える日本人が多いということです。

しかし、欧州のみならず北米やオセアニアでも、老後資金を公的年金だけに頼る人は近年かなり少数派になっています。どの国でも高齢化が進み、平均寿命も伸びているために公的年金の支払いが大変になり、受給額がどんどん減っているからです。

受け取れるお金が少ないのですから、老後資金を個人でどうにかしなければなりません。

そこで、他国の人たちが当たり前のように考えるのが、老後資金を投資と運用でまかなうという方法です。

私が不思議に思うのは、日本は世界で最も少子高齢化が進んでいる国のひとつであるにもかかわらず、自分たちの老後資金を投資や運用で準備しようと考える人がとても少ないことです。金利が低いのに預貯金に頼っている人がいまだに多く、基礎的な投資の知識がない人がほとんどです。大卒以上の人や、専門的な仕事に就いている人でさえそうですから、大変驚くべきことです。これでは退職してから老後資金が足りないと大騒ぎになっても仕方がありません。

企業年金・私的年金を準備する

欧州や北米、オセアニアで、老後資金を準備する際にまず筆頭に挙がるのが、私的年金のひとつである確定拠出年金です。これは長いスパンでお金を積み立てていき、それを債券や株式で運用し、退職する年齢になったら年金として受け取る仕組みです。

確定拠出年金は個人で加入することもありますが、海外の多くの企業では、企業型確定拠出年金を提供しています。日本でも最近は導入する会社が増えており、在職中に掛け金を払って運用し、退職後に年金として、月々決まった額なり一括払いなりで受け取ることができます。掛け金は、企業が最高で給与の20％ぐらいを負担し、本人が給与の数％から20％を払い、多い場合には企業負担分と合わせて給与の40％前後を積み立てている人もいます。基金の運用成績の良い年は大変利回りが良くなる上、本人が支払った掛け金は所得控除の対象になるという税制上のメリットもあります。

就職先を選ぶ際には、こうした企業年金の運用状況も調べます。もちろん給与も大事ですが、運用成績が悪ければ自分の実質的な報酬が下がることを意味するため、企業年金も報酬の一部と見なすわけです。また、基金に加入している退職者が多いと、支出が増えて赤字になってしまうため、社員の平均年齢が高い企業や基金は避けるという人もいます。

イギリスでは報酬が高い人は「年金資産」が数億円単位に上ることもあります。そのようにして退職後も現役世代並みの報酬を得ている人が少なくありません。企業型確定拠出年金の運用成績は基金によって異なるため、公的年金とは違い、個人によって「年金資産」の差が出るのです。

ただし、最近イギリスでは、企業型確定拠出年金の条件がどんどん悪くなっています。特に大企業では、退職者や高齢の社員が増えているためです。かつては定年退職時の給与の70％程度の支払いが保証される「Final Salary Pension Scheme」という制度がありましたが、現在では企業年金の新規加入者はその仕組みから除外されたりしています。

節約したお金を投資に回す

リスクを分散するために、確定拠出年金以外にも老後の資金を準備するのが欧州や北米などでは一般的です。日頃からできるだけ節約して、そのお金をさまざまな投資に回すのです。

人気のある投資のひとつが投資信託です。投資信託とは、一般の人から集めたお金をまとめ、運用のプロが株式や債券などに投資・運用する仕組みのことです。

投資信託の中で最も人気があるのが「インデックスファンド」です。市場の動きを表すインデックス（株価指数）と同じ値動きを目指す投資方法で、簡単に言うと、例えば日経平均が5％上昇すれば自分の資産も5％増えるというものです。

お金を払えば専門家が勝手に運用してくれるので、手数料はかかりますが、株価を逐一確認したり、自分で株を売買したりする必要がなく、手間がかかりません。また、個人では買うことができない高値の株に投資できるのも魅力のひとつです。

インデックスには、国内では日経平均、ＴＯＰＩＸ、ＦＴＳＥジャパン、海外ではアメリカのダウ指数、ＭＳＣＩなどがあり、その中から自分に合ったものを選び、それと連動する投資商品を購入します。国内株式だけにする、海外の特定国の株式だけ、海外株式と国内株式を組み合わせる、国内、海外の債権も組み合わせるなど、選択肢は実にさまざまです。

インデックスファンドは景気が良くなり平均株価が上がればそれに伴って上がるので、経済成長の恩恵を受けやすい投資方法です。

また、リスクを分散させるというのが投資の基本的な考え方ですから、インデックスファンドは、各株式市場のさまざまな銘柄に投資することでリスクを最小限に抑える投資方法だともいえます。例えば、アップル社の株を単独で買った場合には、その株価が下がるとダメージが大きいですが、インデックスファンドで３００社の株式を買えばリスクを負う確率はずっと低くなります。

投資信託には、インデックスファンドのほかにアクティブファンドがあります。

アクティブファンドというのは、市場平均を上回ることを目標としているファンドと言うと分かりやすいかもしれません。金融機関や資産運用会社のファンドマネージャー（運用者）が企業を分析して株価を予測し、さまざまな株式や債券を組み合わせて運用する方式です。アクティブファンドはファンドマネージャーによって運用成績が大きく異なるた

■インデックスファンドの一例

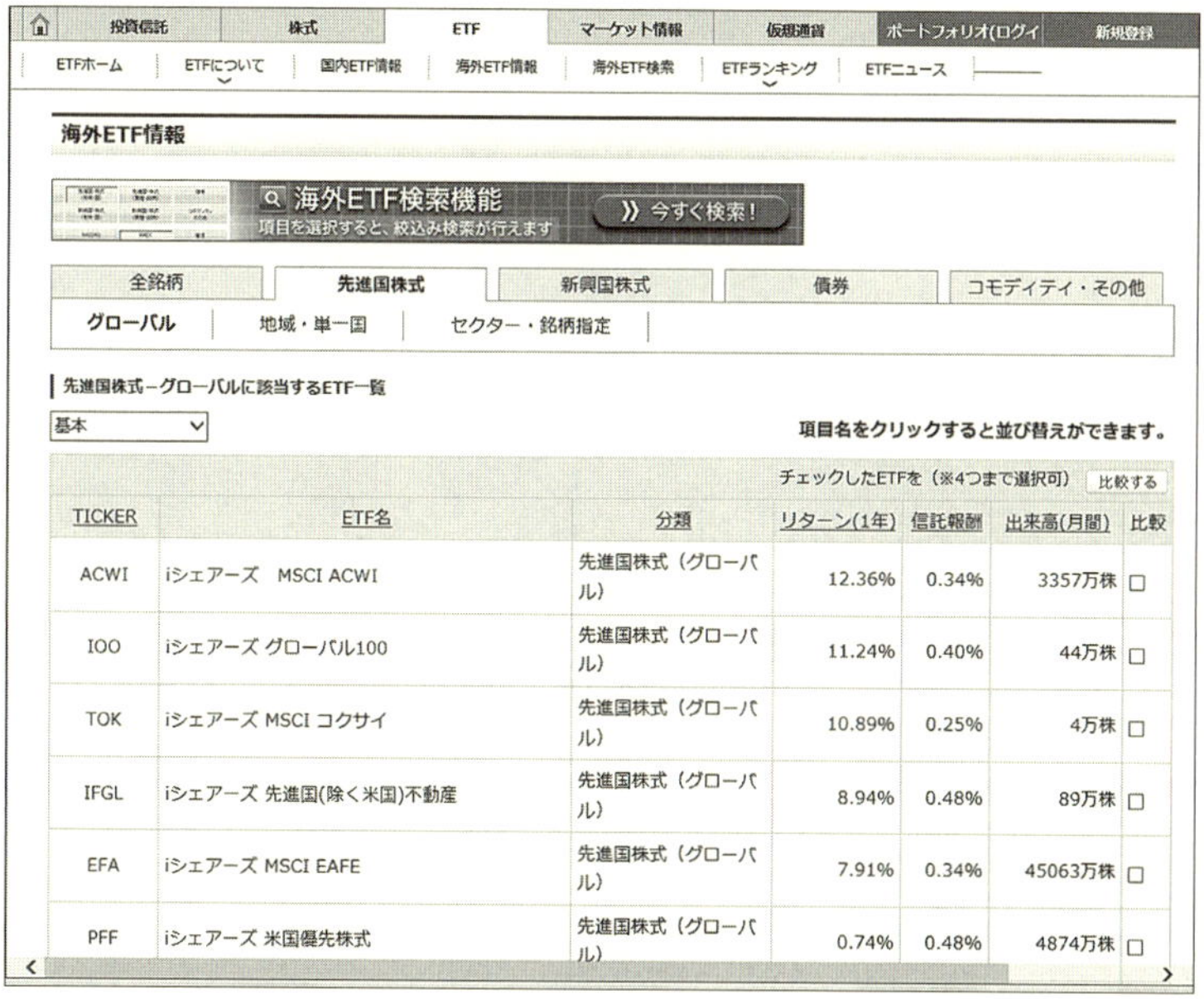

TICKER	ETF名	分類	リターン(1年)	信託報酬	出来高(月間)	比較
ACWI	iシェアーズ　MSCI ACWI	先進国株式（グローバル）	12.36%	0.34%	3357万株	□
IOO	iシェアーズ グローバル100	先進国株式（グローバル）	11.24%	0.40%	44万株	□
TOK	iシェアーズ MSCI コクサイ	先進国株式（グローバル）	10.89%	0.25%	4万株	□
IFGL	iシェアーズ 先進国(除く米国)不動産	先進国株式（グローバル）	8.94%	0.48%	89万株	□
EFA	iシェアーズ MSCI EAFE	先進国株式（グローバル）	7.91%	0.34%	45063万株	□
PFF	iシェアーズ 米国優先株式	先進国株式（グローバル）	0.74%	0.48%	4874万株	□

投資信託の情報サイト。インデックスファンドの商品が並んでいる。

め、高いリターンを得られる可能性が高まる一方で、インデックスファンドに比べるとリスクが大きいといえます。2016年のアメリカにおける運用成績を見ても、アクティブファンドの多くが、インデックスファンドの成績を下回っています。[★24]

金融商品以外でお金を増やす

投資の対象は金融商品以外にも及びます。欧州の用心深い人たちは、さまざまな選択肢の中から自分に合うものを選んで投資しています。以下はその一例です。

・不動産

堅実な投資をしたいと考える人がまず目をつけるのが不動産です。何といっても現物《モノ》があるために安心感があります。日本とは違い、欧州では土地だけでなく建物自体にも価値があり古い建物ほど値段が上がるため、投資目的で中古住宅を購入する人がいるのです。

購入した不動産を人に貸して家賃収入を老後資金に充てる人もいれば、適当な時期に売ってその利益を老後資金に充てる場合もあります。

イギリスをはじめ欧州の一部の国で不動産価格が上昇している背景には、人口増加が深く関係しています。イギリスでは１９７０年代から移民の流入により人口が増加を続けており、２０００年以降はＥＵからの移民も増えています。しかし、そのわりに新築の不動産物件は少ないため、不動産の値段は上がります。現在60代以上の高齢者たちは、価格が上昇する前に家を購入していますから、その意味では大変得をしているのです。

日本はもともと住宅の建物部分の価値が上がりにくい上に、新築、中古にかかわらず住宅は買った翌日から価値が下がり始めるため、日本で不動産を投資目的で購入するのはお金をドブに捨てるようなものです。さらに、少子高齢化で人口が減少しているわりには新設住宅着工数が多く、これからは空き家が増えますから、都心のごく一部を除いて不動産価格は下がる一方でしょう。家を買う際には、老後のことも含めてよく考える必要があるように思います。

・アンティーク家具

ヨーロッパの中流階級以上の高齢者の中には、アンティーク家具を好む人がたくさんいます。見た目が良いとか愛着があるというだけでなく、アンティーク家具は良い材料で作られているので長持ちする上に、価値が上がるものであれば資産になるからです。愛好家は普段からアンティーク市場やオークションに通って目を肥やしています。

・クラシックカー

車は消費財というだけではありません。クラシックカーを買って丁寧にメンテナンスをすれば、驚くべき投資になることがあります。アート保険専門の「AXA Art」によれば、クラシックカー取引市場は2017年に3%ほど成長しており、イギリスのスポーツカーブランド「MG」の主要車種のひとつである「MGA」は2006年から2017年の間に価格が47%も上昇しているそうです。

クラシックカーのみならず、スーパーカーも投資対象として人気があり、2016年にポルシェが発売した限定モデル「911R」は、発売当時2500万円ほどだったのが、1年で5200万円を超えています。[★25]

クラシックカーやスーパーカーの人気の理由は、市場への供給量が少なく、ITなどで裕福になったミレニアル世代を中心とする若い人たちの間での人気が沸騰しているからです。ソーシャルメディアで受けるということもあるでしょう。

・コレクターズアイテム

価値が増すものはほかにもあります。ワイン、楽器、切手、宝石、絵画、時計などです。資産運用会社の「Coutts」は毎年、Coutts Indexを発表しています。[★26]

19世紀のイギリスの家具。ティーク材で作られている。欧州の高齢者はアンティーク家具の修復を趣味にする人も多い。

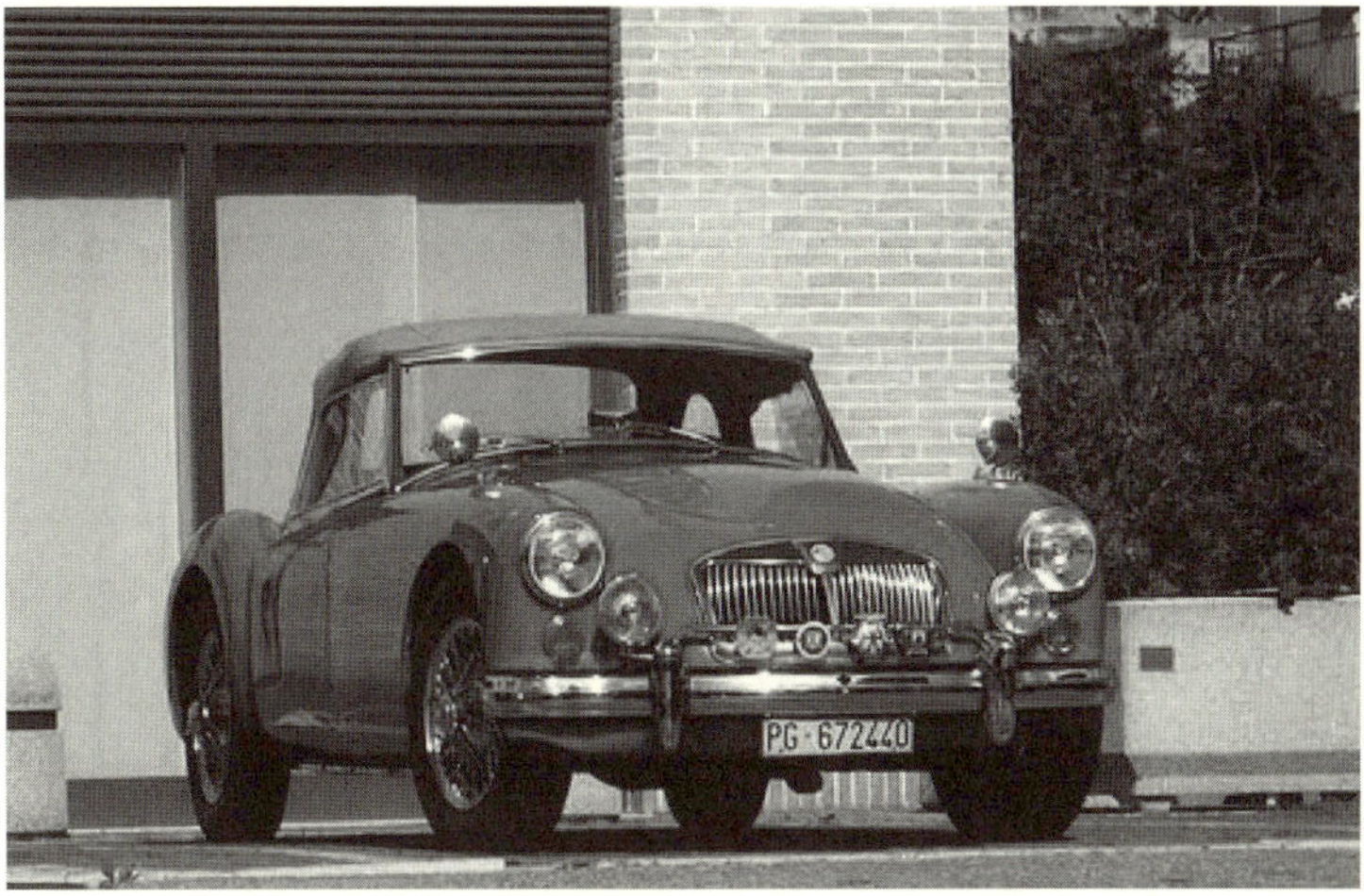

イギリスのクラシックカーのMGAモデル。2006年から2017年の間に価格が47%も上昇した。

・金

金などの貴金属を買って金庫や自宅の池に保管している人もいます。なぜ池に保管するかというと、意外な場所なので泥棒に盗まれにくいからです。長期保有を目的として買う人が少なくありません。

・P2P金融

日本よりも金融サービスが発達している欧州ではP2P《ピアツーピア》金融も人気が出ています。P2Pはpeer-to-peerの略で、peer（同等の立場）同士で通信をすることを指すIT用語です。この考え方をお金の貸し借りに応用したのがP2P金融です。主催する企業が一般の人からお金を集め、ネット経由で他の人に貸し出すというサービスです。

集めたお金は「投資」「貯金」とよばれ、利息は3〜5％程度と銀行で預金するよりずっと高いので人気があり、逆にお金を借りる場合は5〜9％程度と銀行で借りるよりも安いので利用者が増えています。

面白いのは、日本ではこういうサービスに飛びつくのは主に若い人たちですが、欧州では老後の資産形成の手段のひとつとして、中高年や高齢者向けのマネー雑誌や新聞でもしばしば特集されていることです。

イギリスには墓を持たない人もいる。遺骨は庭や海に散骨して終わり。仏壇もない。 墓が欲しい場合には公営墓地や教会の墓地の使用権をリースするのが一般的。ロンドンではリース期間は30年から75年ほどということが多い。

コラム 3

イギリスの医療制度とＥＵ離脱

２０１６年６月に行われたイギリスのＥＵ離脱の是非を問う国民投票に際して、国立病院や医療の質の低下も論点のひとつになりました。

イギリス市民はここ数年、医療サービスの低下を経験しているため、これ以上移民（受益者の数）が増えることによる、さらなる質の低下を恐れる人が少なくありませんでした。これは、ある意味で仕方がないことのように思います。

現在イギリスでＭＲＩ（磁気共鳴画像診断装置）検査を受けるための待ち時間の目安は６週間とされていますが、多くの患者がその期間を過ぎても検査を受けることができません。検査機器などの医療設備が絶対的に不足しているために検査や診断が遅れてしまい、イギリスはがん患者の生存率が欧州で最低レベルになっています。[★27]

イギリスの医療の質が低下している実態は、ＯＥＣＤ（経済協力開発機構）の調査にもよく表れています。人口１００万人に対するＭＲＩの数は、イギリスは５・９台で、32カ国中26位と、貧しいはずの東欧諸国よりも少なくなっています。ＯＥＣＤ平均は13・3

台で、日本は46・９台です。

イギリスでは専門医にかかる前に、まず地域の診療所に所属する家庭医に登録し、そこから紹介してもらう必要があります。しかし、ここ数年は診療所も定員がいっぱいのところが多く、新規の登録は断られてしまうことが増えています。

イギリスの医療制度がこのような状況に陥ってしまった背景には、近年の緊縮財政の影響もあるでしょうが、この制度自体が人口の少ない時代に設計されたものだということがあります。

イギリスに限らず、欧州の公費負担による医療制度は、第二次世界大戦で医療費を払えない多数の負傷者が出たことで生まれました。ヨーロッパの生活保護や障害者福祉、公営住宅などの制度が整備されたのも同じ理由からです。

人口が少なかった頃は公費負担でもなんとかなりましたが、２０００年にＥＵ域内の国籍を持つ人は、加盟国どこにでも自由に住んで働いてよいという「移動と就労の自由」が実施され、賃金が高いイギリスに数多くの人々が流入しました。２００３年から移住する人が急増し、ピークの２０１５年には１年間で63万人の移民がイギリスにやって来ました。特に大都市圏の人口増加はすさまじく、医療だけでなく住宅や学校などあらゆるものが不足する事態となったのです。

イギリス国民がＥＵ離脱を支持したのは、外国人が嫌いだからというわけではありません。そもそもイギリスに排外的な人が多ければ、これほど多くの外国人が住む国にはなっていなかったでしょう。

第6章

欧州の老人に学ぶ節約術

ダウンサイジングする

ヨーロッパの人たちは私たち日本人とライフスタイルも考え方も異なりますから、老後の資金を貯めるためにお金を節約する方法も少し違います。

欧州の高齢者が老後を快適に過ごすために行っていることのひとつに「ダウンサイジング」があります。これは生活の規模とコストを下げる取り組みです。

最も一般的なのが、それまで住んでいた家を手放して小さなアパートや平屋に引っ越すことです。日本と同様、イギリスにも高齢者向け住宅があり、介護付きのもの、緊急時にボタンを押して助けを呼べるもの、夫婦用、単身者用など、さまざまな種類や形態があります。

高齢者向け住宅は主に60歳以上を対象にしており、価格は通常の住宅より若干安めです。例えば、もともと住んでいた家を８０００万円で売って、１５００万円で売りに出されている高齢者用アパートに引っ越せば、その差額を老後の資金に回すことができます。

イギリス在住の日本人の中にも、こうした高齢者用アパートに引っ越す人が珍しくありません。そのうちのひとり、エミさんに話を聞きました。

エミさんは大学卒業後に海外を放浪し、イギリス人のご主人と結婚して１９８０年代にイギリスにやってきました。彼女は長年製造業で人事の専門家として経験を積んできた方ですが、海外生活が長いとはいっても、日本の人が想像する海外在住の日本人のイメージとは若干異なります。日本のどこにでもいそうな思慮深い感じの女性で、気遣いや考え方はかなり日本的です。

ご主人と離婚後、娘さんと一軒家に住んでいましたが、将来のことを考えて60歳を過ぎてから高齢者向け住宅に移り住んだそうです。彼女が引っ越したのは、寝室が１部屋とリビングのこぢんまりしたアパートで、何かあったときはボタンを押せばすぐに管理人が駆けつけてくれます。

普通のアパートと違うのは、ほかの入居者も全員高齢者で、住人同士が交流できる公共のスペースがある点です。エミさんは誰かと話したいときには、公共のスペースに行っておしゃべりをしたり、トランプを楽しんだりするそうです。

「私以外は全員白人のイギリス人ですが、私が外国人だからといって気にすることもなく、皆さん仲良くしてくれます」

それぞれ住んでいる部屋は別なので、適度な距離感があってなかなか良い感じだと言います。エミさんは老後を日本で過ごすことも考えたそうですが、イギリス人はあまり細かいことにこだわらないため、こういう集合住宅はやはりイギリスの方が快適だろうと、イギリスに留まることに決めました。

「年をとっても、こちらは気楽なんですよね」と、エミさん。「イギリスの場合は、お金がなくなれば最終的には自治体が面倒を見てくれますし、医療もいろいろと問題はありますが、何かあればちゃんと治療はしてくれるので、そこは安心です」。介護が必要になったら、現在入居している高齢者用アパートを売り、現役時代から続けてきた個人年金や証券などの資産とともに介護費用に充てるので、将来のことはあまり心配していないと言います。

日本でも最近は、郊外の一軒家から都市部のマンションに引っ越す高齢者の方が増えていますが、このようなダウンサイジングの考え方はもっと広まってもいいように思います。日本は中古住宅の値段が上がりにくいため、ダウンサイジングして老後資金の足しにするのは若干ハードルが高くなりますが、朗報もあります。

最近は日本全国に空き家が増えています。首都圏の一戸建てであれば、とりあえず土地に値段はつきますから、土地と家を売って、その資金で空き家になっている住宅を激安で入手するのです。それをリフォームして住めば、差額を老後資金に回すことができるというわけです。すべての作業を業者に頼むのではなく、できることは自分でＤＩＹすれば、リフォーム代も節約できます。

空き家とはいっても、今の日本では90年代に建てられたような、比較的新しい家もあります。まだ十分に住めるにもかかわらず、通勤に不便なために住み手がつかないのです。自治体によっては、住んでくれる代わりに家や土地を無償提供したり、取得費用を補助してくれたりするところもあり、都心からそれほど遠くない場所にもそういった物件があったりするのでびっくりします。ヨーロッパ北部の国の多くや北米ではあり得ないことです。

イギリスでは年をとったら平屋に引っ越すこともわりと一般的です。

高齢になると足腰が悪くなる人が多いため、階段の上り下りが難しくなることを想定して、平屋建ての住宅に移るというわけです。階段のある家に住む場合には、エレベーターや階段を上り下りできる機械式の椅子を設置することが多く、自治体がその費用を補助してくれる場合もあります。しかし、足腰が弱って介護が必要になると、やはり平屋の方が住みやすいのです。

細かい支出を見直す

住宅などの大がかりなもの以外にも、ヨーロッパでは若い頃から日々の生活の中で工夫して節約するのが一般的です。物価や税金が高いために、自然とそうなるのです。

欧州のお年寄りの中には、戦中生まれで、敵国による空襲や侵略を経験した人もいますし、戦後のモノがない時代を過ごしてきた戦後生まれの人もいるので、お金の使い方には敏感です。

イギリスは日本と違い、苦しい戦後を抜けたと思ったら、今度は70年代の大不況に見舞われるという苦難を味わってきました。さらに、80年代に実施されたサッチャー改革で、重工業の会社の多くは事業を縮小したり倒産したりして、炭鉱夫や鉄工所の職人だった人たちの多くが仕事を失いました。私のイギリス人の義父は、火力発電所の設備を製造販売する会社の営業マンでしたが、事業縮小やリストラでかなりの苦労を経験したといいます。このように皆、経済的な苦境を経験しているため、この世代の人たちは節約と倹約の達人です。

ちなみに、90年代以後に情報産業で豊かになったイギリスの若い世代は、使い捨て、借金、クレジットカード、買い物が大好きで、節約は得意ではありません。

しかし、節約志向の高齢者たちも、お金を使うところではどーんと使います。まず海外旅行。普段の生活費を切り詰めて貯めたお金を楽しいことに使います。2つ目は家族のお祝い。自分や家族の誕生日にはホテルなどを貸し切りにして盛大に祝って、お客さんの費用も自分が持ちます。3つ目はクリスマスです。いろいろな人にプレゼントを贈ります。

つまり、あまり重要ではないことには無駄遣いせず、楽しいことにはわっと使うわけです。メリハリのあるお金の使い方ですね。そんなメリハリの効いたお金の使い方について、イギリス人の義母に聞いてみました。

義母はイギリス北部の炭鉱町の出身で、もうすぐ80歳だというのにインターネットを使いこなし、毎日買い物や美術館めぐりに忙しいアクティブなシニア女性です。

1960年代頃まではイギリスでも女性は専業主婦になるのが当たり前でしたが、義母は公立の進学校であるグラマースクールで学び、卒業後は建築士や大学教授の秘書をやっていたという当時としては最先端のキャリアウーマンでした。元職業婦人だけあり、服装はパリッとしていて、家でも夕食時にはディナー用の服に着替えてきます。ネイルやお化粧を欠かしませんし、美容院には毎週通い、どこかに食事に行くときはヒールにスーツといういでたちです。

義母は戦後のモノのない北部の町で育っている上に、長く仕事をしてきた人なので、工夫が上手です。

「節約するには、まず、なるべく物を活用することね。例えば、サランラップあるでしょ。あれを一枚一枚使っていたら、積み重なるとお金がかかるでしょう。だからラップの代わりに、食べ物にお皿をかぶせておくの。そうすればラップ代がかかりませんからね」

「それから毎日食べるものを大体決めておくことね。例えば、朝だったらトーストとマーガリンとジャムにお茶。そう決めておけば、お金も節約できるし、考えるのも面倒くさくないわ。それに、余計なものまで食べないからダイエットにもなります。時間も節約できて、その時間でほかのことができるから良いことずくめでしょ」

「お昼はいつもサンドイッチかスープと決めているの。これにはちゃんと理由があるのよ。私はいつも缶詰のスープを使うのだけど、缶詰って割引になることが多いから、安い時に大量に買いだめしておくの。缶詰のスープは種類が豊富で栄養もあるし、冬は体が温まるからとってもいいのよ。サンドイッチは自分で作りますよ。パンは安く売っているものをたくさん買っておいて、好きなものをはさんで食べるだけ。これもとても楽よ」

「出かけるときも、なるべくお弁当と水筒を持って行くの。お弁当といっても、サンドイッチとかビスケットとかポテトチップスね。簡単ですよ、買ったら高いでしょ。お茶も買えば2～3ポンド（300～400円ほど）するけど、水筒なら無料よ」

義母のお友達のジェニファーさんは、買い物上手で知られているので、買い物の秘訣を聞いてみました。

義母のベティさんと義父のジョンさん。

ジェニファーさんは労働者階級出身で、義母と同じく勉強が得意だったのでグラマースクールに進学し、大学の図書館司書をやっていたという70代です。本の専門家だっただけあって読書が大好きで、いつもKindleで電子書籍を読んでいます。花柄のロングスカートを素敵にはきこなして、きれいにカールした金髪と大柄な体を揺らしながら早口で話す快活な女性です。

「まずね、交渉を恥ずかしいなんて思っちゃダメよ。私たち女性や高齢者というのは、実は強みなの。だって、おばあさんに『ちょっとまけてよ』って言われたら、嫌だって断るのはなかなか難しいでしょ。だから、お店でなるべく値段の決定権を持っていそうなマネージャーとか、人の良さそうな男の人を見つけて、『何とかまけてくれないかしら』ってお願いするの。その人に決定権があるかどうかが重要ね。ただし、言い方は工夫しなくちゃダメよ。なるべく上品に、ちょっと何とかならないかしら、というふうに。こういうのを英語ではhaggle（値下げの交渉をする）と言うのだけど、別に恥ずかしいことじゃないわ。そういう一つひとつの積み重ねでお金が貯まるのよ」

「図書館に通ってインターネットを一生懸命覚えたのよ。割引情報を入手するために。ネット上にはクーポンがたくさんあるし、登録しておけばデパートやスーパーの割引メールも届くでしょ。図書館でクーポンを印刷してもらって店に持って行ってどんどん活用しています。それから本を読むときには電子書籍のKindleを使っているの。何しろ本が安いし、無料の電子書籍もあって、旅行に行くときもすごく便利よ」

日本では買い物をするときに値段の交渉をすることは多くありませんが、イギリスでもイタリアでも、ジェニファーさんのように「ちょっとまけてよ」と交渉する人の姿をよく見かけます。個人商店や市場が多いので、チェーン店や大型店よりも融通が利くのです。大事なのは、その店のお得意様になること。何度も通っているうちに、店側も少しくらい割引しようかなという気になります。個人商店や小規模な店は割高なイメージがありますが、「損して得取れ」とはまさにこのことですね。

ちょっと高くても良い物を買う

義父のお友達のジムさんは、もともとイギリス国教会の牧師をやっていたという80代の男性です。まん丸い赤ら顔に、丸い眼鏡がちょこんとのった恰幅の良い紳士で、牧師の服装がよく似合います。銀色の髪の毛はきっちりと分けており、靴や持ち物はいつもピカピカです。アガサ・クリスティーの小説から抜け出してきたような、典型的なイングランド人です。

イギリス国教会は日本のお寺や神社とは違って、個人の所有や家業ではありません。牧師は公務員のような立場なので、引退後は国教会の年金で暮らしています。

ジムさんは、ケチケチする必要はないけれど、心から「ああ、これはいいな」と思ったことにだけお金を使えば、自然に節約につながるのではないかと話してくれました。また、「貯金だけではお金はなかなか増えないので、個人年金をかけたりしないと」と、若いうちから老後資金について考えることの重要性を強調していました。

さらに、ジムさんは物を買うときは、ちょっと高くても長持ちするものがいいという考えの持ち主です。IKEAとかPrimark（注：イギリス版のユニクロ）のものはすぐにダメになってしまい、結局ごみになってしまうので無駄だと言います。その点、職人が作った物は修理ができて、素材もベニアなどではなくオークやチーク材で作った家具は、色を塗り直したり、ワックスを塗ったりすれば何十年も使えるし、古い方がかえって味が出るのだとつけ加えます。

「傷だって思い出になるし、手入れするのも楽しいんだ」

古い家具に蜜蝋《みつろう》やオリーブ油を塗るだけで、色の深みが増して、風合いが良くなるとジムさんは言います。

「良い物に囲まれていると気分もいいでしょう。でも、数は必要ない。国教会の装飾と同じだよ」

特技を生かして収入に

義両親の古い友人であるノーマンさんは、長年鉄鋼関係の会社の総務部で働いていたという男性で、現在70代です。背が高くやせ型、ほりの深い顔立ちで、ちょっとこもった声でボソボソと話します。イギリスの有名俳優、ジェレミー・アイアンズ似の渋い紳士です。

ノーマンさんは典型的なイギリス流のやり方で節約しています。

「そうですね、やっぱり趣味と実益を兼ねることが一番かな。例えば、庭仕事とか大工仕事。家とか庭のちょっとした修理やら手入れやらを人に頼んだら高いでしょう。大工さんや配管工を探すのは大変だし、彼らも掛け持ちでやっているから時間通りには来ないし、いつまでたっても終わらないし。それに、年寄りは騙されたりしますし。最近は、昔みたいに丁稚《でっち》奉公で16歳ぐらいから職人の世界に入ったりしないから、若い子がいないんです。外国人の職人だと細かいニュアンスが伝わらなかったりするし、だったら自分でやった方が早いし、体も動かすから健康にもいいですし。庭や家のメンテナンスをきちんとしておけば、不動産の評価額がすごく上がるんです。庭なんか、塀を作って芝生を丁寧に手入れしておけば、2万ポンド（約300万円）くらい上がったりします。近所の人の庭もときどきやってあげると、すごく喜ばれます」

イギリスをはじめ欧州には、日本よりもずっと規模の大きいDIYショップがあり、一般向けにも、プロが使うような道具や材料を売っています。ですから、例えばトイレの便器の入れ替えなども自分でやってしまったりしますし、壁の塗り替えやカーペットの張り替え、フローリングの張り替えなどもお手の物です。

知人のテレサさんは、ポーランド出身の70代です。金髪のロングヘアをポニーテールにまとめていて、夏はショートパンツにカラフルなTシャツで歩き回っている活動的な女性です。現役時代はイギリスの公立高校で科学を教えていたので、大変な世話好き、教え好きです。

テレサさんはDIYが得意で、先日は何と自分が住むための家をひとりで建ててしまいました。買ってきたレンガにセメントをつけて積み上げ、壁には漆喰《しっくい》を塗って完成させました。イギリスでは女性でもそれぐらいのことはやってしまう人が珍しくありません。金額に換算すると、その作業はおそらく400万円から600万円くらいはするでしょう。

こういったＤＩＹのスキルを磨いて家や庭の手入れをしてそれをビジネスにした方が、株式投資などをやるより儲《もう》かる場合もあるわけです。

昔から義両親と同じ教会に通っているトニーさんは、学校を回って監査をする仕事をしていた方です。イギリスの学校では政府による定期的な監査が行われ、その監査結果や各付けが一般に公開されるため、こういった監査の専門家たちが大勢います。監査の仕事にはコミュニケーション能力が不可欠なため、トニーさんはおしゃべり上手な明るい紳士です。公務員だったにもかかわらず、営業マン並みにトークが上手なのは、現役時代にさまざまな人と接触してきたからでしょう。

トニーさんが家の中の物を、イギリス版のフリーマーケットであるジャンブルセールに出すと、意外なものが売れたりするそうです。昔の雑誌や新聞、古いカーテンや空き箱、食器や息子さんが使わなくなったオモチャなどです。

「今の若い子たちはインターネットでいろいろ売り買いするみたいだけど、僕は車で会場まで自分で運んで売るのが楽しいんだ」とトニーさん。

「人と話せるし、気分転換になるし、家の中も片付くしね。年寄りだから、もう物はあまり必要ないんだよね」

トニーさんの奥さまも裏庭や林で松ぼっくりを拾ってきて、それに色を塗ってクリスマス用の飾りにして売ったり、木の枝を拾ってきてスプレーで色をつけてリボンで束ねて部屋の飾りを作ったりしているそうです。

「アパート暮らしの人とか時間がない人たちは、そういうのを買うんだよ。みんな忙しいんだね」

外国で過ごして生活費を節約

欧州の面積は、中国にすっぽり収まってしまうほどしかありません。しかし狭い分、良いこともあります。他国に移動するのに時間がかかりませんし、交通費も安く上がります。LCCとよばれる格安航空会社の台頭によって、15年ほど前から欧州の航空運賃は劇的に安くなりました。

例えば、ロンドンからアテネ（ギリシャ）やテルアビブ（イスラエル）まで片道5000円から1万円ほどで行くことができます。一時期は航空会社間の競争が激化して、片道150円とか200円というウソのような値段の航空路線もあったほどですが、現在ではさすがに価格競争も若干落ち着いてきています。とはいえ、まだまだ航空運賃は安く、近隣国へバスや鉄道で移動するよりも安いことには変わりありません。

これは各航空会社の営業努力もさることながら、やはり欧州内の移動の需要が多いということが大きいでしょう。2000年以降、EU加盟国の市民の移動と居住の自由が達成され、EU加盟国の国籍を持っていれば、EU域内のどの国に住んでも働いても自由、という実に驚くべき制度が実現しました。

外国人が自由に旅行や短期滞在できる国は多いですが、その国で働く場合には通常、就労ビザが必要な場合がほとんどです。EU域内ではそのビザが必要なくなり、移動する人たちが増えたために格安航空路線の需要が増し、ビジネスが活性化したのです。

その結果、例えばブルガリア人が平日はドイツのベルリンで働いて、週末だけブルガリアに帰るといったことが可能になりました。何しろ航空運賃は数千円というレベルで、さらに空港は街の中心部から近いところでは15分ちょっと、遠い場合でも1時間程度というのが一般的ですから、移動時間もそれほどかかりません。

格安航空会社（LCC）は、大手の航空会社に比べるとサービスはシンプルで限られていますが、遅延や機体の故障に関してはあまり差がありません。

ヨーロッパの高齢者たちは、この移動の自由と格安航空券の恩恵をフルに活用しています。そうして1年のうち数週間から数カ月、物価や光熱費が安い国に行って過ごすことで生活費を節約するのです。

冬は激安リゾートで過ごす

地理的に欧州が日本と決定的に違うのは、さまざまな国が陸続きであり、他国に行くのも比較的簡単だという点です。東欧を除いては全体的に豊かで、世界的なリゾート地や温暖な地域がすぐ近くにあります。先ほど述べたように、ＬＣＣを使えばイギリスから南欧のリゾート地へ片道５０００円から1万円ぐらいで行くことができます。

ここ30年ほどでヨーロッパは南部を中心にリゾート開発が急速に進みました。特にスペイン、キプロス、マルタ、ギリシャといった国は観光が主要な産業であり、きれいなビーチが次々とリゾート地へと変貌を遂げました。漁村だったところも、現在では観光業が大きな収入源になっています。

こうしたリゾートブームは西ヨーロッパだけでなく、東ヨーロッパ、トルコ、北アフリカにまで広がっています。クロアチア、ブルガリア、アルバニアなどの東欧諸国には美しいビーチや東西冷戦時代に作られたスキーリゾートなどがたくさんあります。チェコやハンガリーには温泉があり、高齢者向けの健康治療に特化したリゾートパッケージを販売しています。

　このように欧州では高齢者向けの海外パッケージ旅行がたくさん出回っていますが、利用客が減少する秋や冬、春先など繁忙期以外の空室率が問題になります。そこで、冬を暖かい場所で過ごしたい高齢者をターゲットに値段を下げてお客を呼び込むわけです。その値段は驚くべきもので、特に安いのは1月から2月です。

　スペインやギリシャも秋から冬にかけては旅行者が減るため、7泊8日のパックツアーが3食交通費込みで3～4万円という破格の値段で提供されます。

　さらに、1月にマルタの三ツ星ホテルに28泊する朝食と夕食付きのパックツアーが往復航空券込み、空港までの送迎付きで350ポンド（1ポンド＝150円で5万2000円ほど）です。

　ヨーロッパの寒い地域では冬の暖房費が高いため、こういったパックツアーを利用して暖かいところで過ごせば、光熱費も食費も節約できるというわけです。自宅にいるよりマルタで丸々1カ月過ごした方が安いのです。その間、自宅を旅行者に貸し出せば、マルタでの滞在費以上の収入を得ることだって可能です。

　マルタは租税回避地《タックスヘイブン》として有名な島国ですが、気候が温暖で海が大変美しく、観光が重要な産業です。夏がピークシーズンのため、冬場には高齢者や英語を学ぶ留学生を受け入れて空室を埋めているわけです。このため、オフシーズンのマルタ行きの飛行機はたいていの場合、高齢者でいっぱいです。

私は数年前、マルタにマンションを借りて1週間ほど滞在したことがあるのですが、夏だったにもかかわらず高齢者が多くてびっくりしたことを覚えています。マルタに行くと話すと周囲の人に驚かれたのですが、現地に到着すると若い人がほとんどいないので、なるほどと納得しました。

この国はもともとイギリスの植民地で、第二次世界大戦中は枢軸国の輸送路を攻撃するための拠点として使われていました。どこでも英語が通じますし、治安も大変良いので安心です。観光国なのでホテルのサービスなどもなかなか洗練されており、地元の人は大変フレンドリーです。

食事はイタリアとクロアチアの中間ぐらいの地中海料理で、かなりリーズナブルな値段で新鮮な魚介類を楽しめます。街なかを走るバスは、かつてロンドンの郊外を走っていた中古車で、地元の新聞にはイギリスのニュースが多く掲載されています。

問題はほとんどすることがなく、大変退屈だということです。そのため、高齢者が滞在するホテルの多くでは、ダンスパーティーやらトランプ大会が催されています。

こうした高齢者向けの激安パックツアーは旅行代理店が販売しており、『デイリー・メール』

マルタの首都バレッタの丘の上で休む高齢者。マルタにはイギリスだけでなく、ドイツやイタリア、スペインなどさまざまな国の高齢者がやってくる。

首都バレッタの丘から港を見下ろしたところ。マルタはさまざまな王朝や国の支配を受けてきたため、要塞としての機能も残っている。島の建物は全体にクリーム色の天然石で作られている。

や『デイリー・テレグラフ』といったイギリスのタブロイド紙や新聞の土曜や日曜版には10ページ近くにわたって広告が掲載されます。

もっと節約したい場合には、トルコやブルガリア、チュニジアやエジプトといった新興国に出かけます。航空運賃が安いので、冬の間は国内旅行の感覚で物価が安い国で過ごすわけです。かつては気候が温暖なところで冬を過ごすのは上流階層に限られていましたが、今では交通費が安くなり、家族と連絡を取る際の通信費も驚くほど下がったことで、一般の人でも可能になっています。

これほど安い費用で海外に滞在できれば、楽しみも増えますし、旅行のためにちょっと貯金しようかなという気力も湧いてきます。とにかく値段が安いので、年金が少なくても何とかなるのです。

クルーズ船に住んでしまう

欧州では一般的にクルーズ旅行が大変盛んです。

各国の企業がクルーズ船を運航していますが、年々船が巨大化しているために以前よりはるかに多くの乗客を収容することが可能になっています。そのため、かつてクルーズは大金持ちの人たちの娯楽でしたが、90年代以降はどんどん値段が下がり、今ではパックツアーよりも安いものが増えています。

例えば１週間の地中海クルーズが、一日３食付きでひとり３万円という場合もあります。クルーズ船は空室を出したくないために、出港直前になるとこういったバーゲン価格で売り出すことがあります。

しかし、安いからといってサービスの質が低いわけではありません。船内は高級ホテル並みで、さまざまな店や劇場、ジム、プールなどを備えていて、レストランはよりどりみどりで24時間食べ放題。毎日のようにショーやレクチャーが開催され、ダンスパーティーなど友達を作る機会もたくさんあります。

寄港するのは地中海の風光明媚《めいび》な港や、大都市にカリブ海、時にはアメリカなどで、港に着くと現地を観光するバスが待機しています。船がホテルのようなものですから、旅行中荷物を運ぶ必要はありませんし、タクシーをつかまえたり電車を乗り換えたりするなど、言葉の分からない外国であたふたすることもなく楽ちんです。

これらはすべてツアー料金に含まれていますから、かなりお得です。そのため、クルーズ船に長期間乗船することで生活費を節約するというダイナミックな方法も考えられます。

イギリスのクルーズ旅行を専門に扱う「Planet Cruise」という会社が、クルーズ船で

2017年1月から2018年1月まで約1年間生活した場合の費用を算出したところ、2万3908ポンド（1ポンド＝150円で約358万円）でした。一見高いように思われますが、この金額は4つ星の高級ホテル並みの豪華客船に乗った場合の値段です。部屋の掃除などのサービスが付いていて、食事は高級レストラン並みのコースメニューが提供されます。ちなみに、この試算は1カ月間のクルーズに続けて12回乗船し、五つの大陸をまたいで35の国の163の港に寄港して旅行した場合を想定しています。[★28]

客船内にはさまざまな店があり、買い物には税金がかかりませんし、ダンスや語学教室、卓球などのスポーツ大会などさまざまなアクティビティーが用意されています。また、クルーズ船のスタッフは、高齢者への対応や介護の訓練を受けていますから、車椅子でも参加が可能です。船内には医師も常駐しているため、治療を受けることもできます。

ロンドンの平均的な生活費は、家賃を含めると年440万円ほどですから、クルーズ船に住んだ方が80万円ほど節約できることになります。豪華客船はいうなれば24時間稼働する4つ星ホテルで、運動施設や娯楽も提供してくれますから、ロンドンや東京で同じレベルの生活を送ろうと思ったら、もっとずっと割高になるでしょう。

豪華クルーズ船のMSCファンタジア。Creative Commons Zero - CC0
(https://www.maxpixel.net/Luxury-Fantasia-Ship-Cruise-Ship-Cruise-Deck-907558)

ニューオリンズ港のクルーズ船用のターミナル。Creative Commons Zero - CC0
(https://en.wikipedia.org/wiki/File:Copy_of_REV_-337_Port_of_New_Orleans.jpg)

老人ホームと化すクルーズ船

1年間のクルーズ旅行は現実的ではないかもしれませんが、それより短いクルーズでも光熱費や食費を考えるとかなりの節約になることがあるため、欧州では高齢者がクルーズに参加することが珍しくありません。

足腰が弱く、車椅子が必要なお年寄りでも、船の中で過ごすことが可能なため、寒い冬の間は公共交通機関を利用して旅行するよりも、生活の質が上がることは間違いないでしょう。

イギリス人の義両親は、毎年冬になるとクルーズ旅行に出かけます。2人に話を聞くと、最近のクルーズ船は大きくて通路が広いため、車椅子や電動カートでの移動がとても楽だそうです。キャビンスタッフはさまざまな国籍の人で構成されているものの、英語を話す上、介護の訓練を受けているので、万が一倒れても安心だと言います。

「ひとりで家にいたら、死んじゃっても誰にも気づいてもらえないから、それよりずっとマシでしょ」と義母。

それに介護施設や病院では、高いお金を払う客であっても虐待されるなど、年寄りはどんなひどい扱いをされるか分からないので、たまらないというのです。

確かにキャビンスタッフは世界各国からやってきた、ホテルマンとしての教育を受けたプロなので、接客態度も丁寧です。彼らは船の上で生活しているために税金が免除され、チップももらえるため、欧州の多くの国で最低賃金かつ非正規雇用で働く介護スタッフの人たちよりはるかに高給取りです。オープンな環境での接客業ですから、虐待や暴力はまず発生しません。

前述したようにクルーズ船の中にはジムやプールもあるので、その費用も節約できます。インストラクターが水中エアロビクスやダンスを教えてくれて、運動が苦手な人は絵を描いたりチェスをやったりする活動を選ぶこともできます。地元の老人センターに行くよりも断然楽しく、「それにインストラクターはみんな若くて美男美女だから、目の保養にもなるのよね」と義母は話していました。

「クルーズ船を予約しておいて、クリスマス休暇の前に年寄りを車で連れてきて、船の前に置き去りにしていく家族がいるのよ！　ポーンと船の前に、車椅子とスーツケースごと！」

クリスマスに家族で旅行に出かける際、高齢の親を介護施設に預けるのはお金がかかり、デイケアセンターも最近は高級ホテル並みの値段を取るため、クルーズ船の方が安いというわけです。このため、クルーズ船の中は一見すると、介護施設と見分けがつかない場合も多いそうです。

しかし、それでもさまざまな年齢の乗客がいて、一日中いろんな行事をやっている上に、冷暖房完備で食事も付いているため、介護施設に行くよりもずっとコストパフォーマンスがいいというのです。

「旅行保険で治療を受けられるし、死んじゃっても誰かに気がついてもらえるでしょ。でも、運ぶのが大変かしら。そのまま海に落として終わり、というのもいいわね。お墓代も火葬代もかからないもの」と、義母は茶目っ気たっぷりに話してくれました。

海外で介護を受ける

もっと大胆な人は、年をとってからインドやタイに引っ越してしまいます。これらの国には欧州の高齢者が集まる村があり、年金を節約したいという人たちが滞在しています。不動産も安く、外国人が購入できる物件もあります。

介護を受けるために外国に移り住む人もいます。福祉制度があるとはいえ、欧州各国では介護費用が膨れ上がっているため、資産を持っている高齢者は自費でまかなわざるを得ない国も少なくないからです。

ヘルスケア業界の調査会社、Laing & Bisson によると、イギリスでは介護付き老人ホームは一カ月に平均３１００ポンド（1ポンド＝１５０円で約46万円）ほどかかります。［★29］日本のようにすべての人に介護保険が適用されるわけではないため、自宅や貯金などの資産がある場合には、介護費用を自分で負担しなければなりません。

日本と同様、介護が必要な人の家をホームヘルパーが訪問してケアするケースも増えています。その方が介護施設に入居するよりも安いからです。しかし、どの国でも介護の仕事は低賃金できついため、介護スタッフは常に不足しています。外国人介護士を導入している国も多いのですが、それでも一日24時間の介護をつける金銭的余裕のある人は多くありません。

こうした状況があるため、人件費や物価が安い国に高齢者自身が引っ越して、介護サービスを受けるわけです。タイのチェンマイは介護費用が安く、すでに海外の高齢者を受け入れる施設がたくさんあります。チェンマイにある Baan Mee Suk という高齢者福祉施設では、大部屋は一日１０００バーツ（1バーツ＝３・48円で３４８０円ほど）ですから、一カ月で10万円ほどです。［★30］日本の特別養護老人ホームは収入に応じて負担率が変わりますが、年金が高い人の場合には諸経費込みで月20万円程度かかります。

外国の介護施設で暮らす高齢者たちは、家族とはインターネットを通じて連絡をとり、イギリスに帰国するときには格安航空券を使います。通信技術が向上し、ＬＣＣが発達した今だからこそ、可能になった方法だといえます。

海外移住するイギリスの年金生活者

介護を受けるかどうかは別としても、イギリスは海外に移住する高齢者がとても多い国です。

イギリス人の祖先は海賊や植民地開拓者として世界中に渡った人たちですから、大変フットワークが軽く、住む場所に対するこだわりがそれほど強くありません。また、子供や孫との関係も比較的ドライなため、気軽に海外に移住する人が少なくないのです。

２０１７年2月にイギリス政府が発表したデータによると、約34万人ものイギリス人年金生活者がアイルランドを除くＥＵ加盟国に住んでいます。イギリスの人口は約６５００万人と、日本の半分ほどですから、単純に計算すると約68万人もの日本人年金受給者が海外に住んでいるようなものです。海外に居住するイギリスの年金受給者の数は２０１２年以降増加を続けており、一時期は年間10万人近くも増えました。

イギリスの65歳以上の高齢者の移住先としてＥＵ内で最も人気があるのはスペインで、

■EUおよびイギリスの年金生活者 [★31]

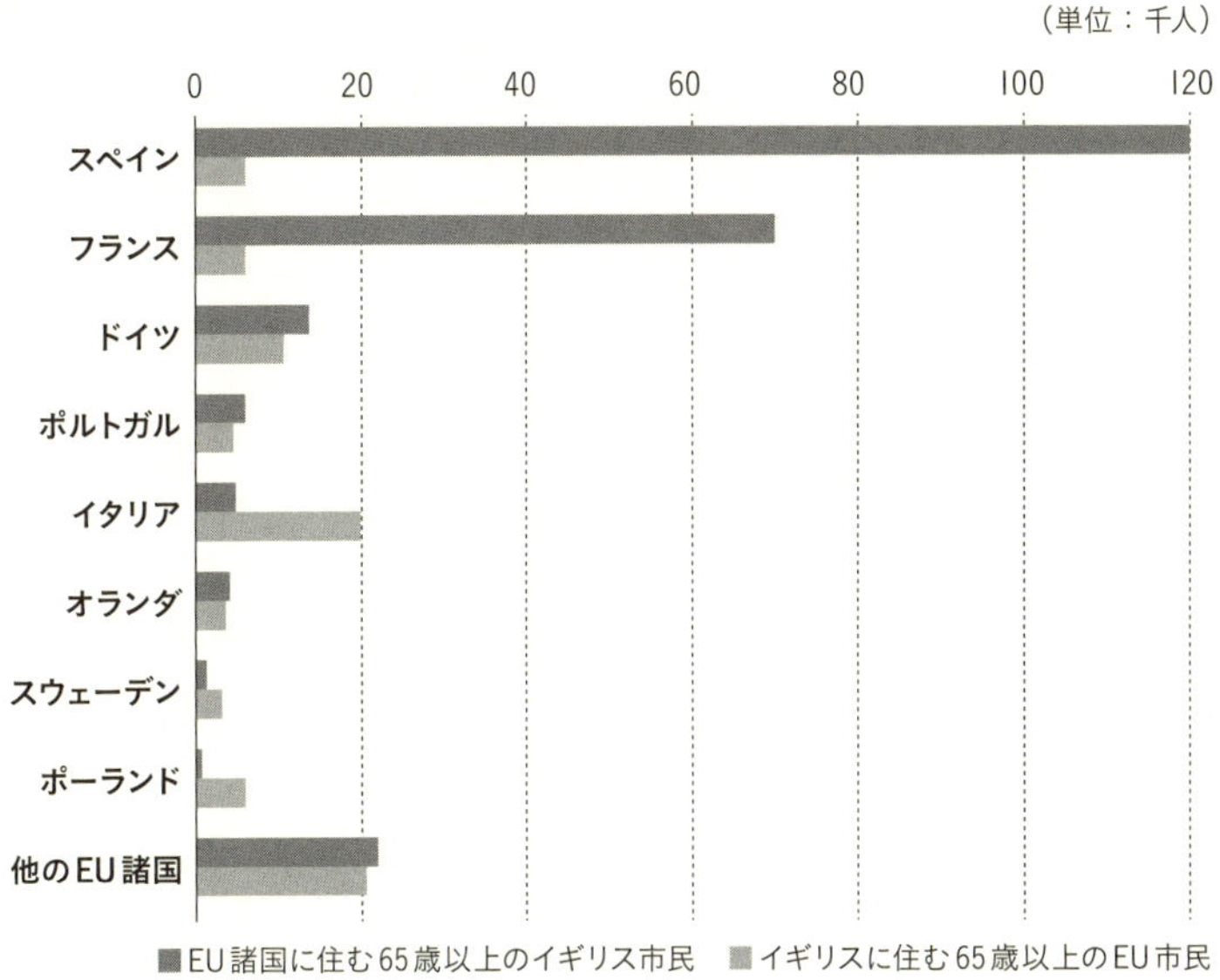

スペインやフランスに比べると、ドイツやオランダに移住するイギリス人はそれほど多くない。暖かい地域や、不動産価格が手頃な国に人気がある。

2016年の調査によると12万人にも上ります。次に人気があるのはフランスで、7万人ほどです。

イギリスやドイツ、北欧の高齢者が、スペインやフランス、ポルトガル、ブルガリア、ハンガリーなどの田舎で過ごすことはそれほど珍しいことではありません。自国より物価が安いですし、こうした国の田舎の方では不動産物件が数百万円といった冗談のような価格ですから、セカンドホームを買っても自国の小さなアパートの家賃数カ月分ということもあります。そして、格安航空券を使って時々イギリスに帰ってくるわけですが、自国のアパートを使用しない期間は旅行者や滞在者に貸し出せばサイドビジネスにもなります。

私と夫の友人にも定年退職して海外に移り住んだ人が何人かいます。

そのうちのひとりのデビットさんは、大学の研究者をやっていたという50代後半の男性です。イギリス北部の出身で若干ズーズー弁の英語に親しみが感じられる人物です。大学教員になる前は金融機関で働いていたので税金や会計について詳しく、ぱっと見は税理士さんか会計士さんです。研究分野だった関係もあり、世界各国の引退制度や税制のことを調べるのが現在では趣味のようになっています。

デビットさんは独身なので、身軽です。仕事を引退後、ポルトガルに不動産を買い、現在はイギリスとポルトガル、スペイン、フランスなどを行き来しながら暮らしています。

ポルトガルはイギリスに比べて不動産がかなり安いため、デビットさんはもともと住んでいたイギリスの家を売却し、ポルトガルにマンションを購入しました。その差額を投資信託に入れて、運用益を生活費や移動費などに充てています。

イギリスは最近物価が高く、ちょっと外食しても20ポンド（1ポンド＝150円で約3000円）くらいかかりますが、ポルトガルでは約半分で済むと言います。

「それに、ポルトガルの良いところはやはりビーチがあることです。天気のいい日はビーチを散歩したり泳いだりできますから。僕はもともと関節の病気を抱えているので、暖かい土地に引っ越したかったんです」と、デビットさん。

そこの土地には仕事を退職して移り住んでいるイギリス人が大勢いるため、デビットさんはそういう人たちの会に入り、ビリヤードやブリッジを楽しんでいるそうです。イギリスの食材は簡単に手に入り、ニュースはネットで簡単に読めますし、衛星放送のアンテナさえあればイギリスのテレビ番組も見ることができるため、寂しさや不便は一切感じないといいます。

日本でも一時期、マレーシアやフィリピンに移住して定年後の生活を楽しもうという人たちが話題になりましたが、欧州に比べると日本人が移住できる国はそれほど多くありません。その上、こうしたアジアの国々は、スペインやハンガリーの田舎に比べると治安が悪いため、安全に暮らすためには日本より費用がかかります。また、日本人の場合はどうしても海外に出ている人が少ないため、地元の同国人のコミュニティというのも小さくなりがちです。

そしてさらに、海外に移住しようとする日本人の前に立ちはだかるのが、言語の壁です。英語は大体どの国でも通じますが、残念ながら日本では英語が得意な高齢者はそれほど多くはありません。それに、認知症の症状が出始めると、昔学習した外国語も忘れてしまうことがあるため、やはり日本語でコミュニケーションをとってくれる人がいなければ、なかなか難しいと思います。

高齢者バックパッカーになる

ただし、体と心が元気なうちは、日本人も海外のさまざまな国に住んでみることを検討してみても良いのではないでしょうか。

日本人の場合は、イギリスの高齢者以上に安く、海外に短期あるいは中長期滞在することが可能です。

現在では格安航空会社各社が、日本から台湾、タイ、フィリピン、マレーシア、中国、ベトナムといった物価が安い国に便を飛ばしています。これらの国には中長期の滞在者用のアパートや貸家が豊富にありますし、ちょっと冒険心のある人はバックパッカーが泊まる安宿に滞在すればもっと安く上がります。安宿といっても、今はさまざまな種類があり、中には先進国レベルのおしゃれなホステルもあります。

日本も相対的に物価がずいぶん安くなりましたが、近隣のアジア諸国の郊外や田舎の方に行けば、日本以上に物価が安いところはまだまだ多いですし、何より日本とは文化も環境も違うので、観光も楽しめて刺激のある毎日を過ごすことができます。また、外国語を学ぶことは、頭の体操にもなるでしょう。

私が学生時代にバックパッカーをしていた頃にはすでに、定年退職して各国を移動しながら暮らす方や、定期的に中長期で安宿を泊まり歩く高齢者バックパッカーの方々がいらっしゃいました。

その多くは、若い頃にバックパッカーの経験がある方で、ロシアやネパール、タイといったバックパッカーにはおなじみの沈没（長期滞在すること）ポイントに行くと、そういう大先輩に遭遇します。

彼らはこういう旅に慣れているので、安宿の食堂やロビーでも、すっと話の輪に入ってきて場を盛り上げてくださったりするのです。

特にロシア極東や中国奥地、ネパールの奥地、中央アジア、シベリア鉄道など通好みのところに行けば行くほど、「濃ゆい」高齢者に出会える可能性が高くなります。そもそも旅が生きがいという人たちなので、定年になったのがうれしくてしょうがないという感じでした。仕事人間のサラリーマンや公務員とは、基本的に考え方が違うのです。

こういうライフスタイルを楽しめる方々なので、高齢者バックパッカーにはもともと個性的で刺激的な人生を送ってきた方が少なくありません。中には現地の学校で日本語を教えるボランティアをしたり、現役時代のコネや技能を使って現地の非営利団体で働いている方もいました。日本で習得したスキルは、海外でもまだまだ需要が高いことがあるため、定年後の再就職先やボランティアをする先は、日本国内に限られないわけです。

私がバンコクの空港でたまたま立ち話をした方は、日本には安アパートを借りてあってそこに私物を置き、一年のうちの大半はタイで過ごし、たまに日本に戻って皿洗いや宴会場準備等の日雇いのアルバイトをやって、年金の足しにしているとおっしゃっていました。こうした人は日々旅行やアルバイトに忙しいので、退屈する暇などありません。そして、空港や安宿で若い人をナンパしておしゃべりを楽しむのです。

コラム 4

クルーズ船に住む人々

イギリスには一年の大半を実際に船で過ごした人たちがいます。

第二次世界大戦で出征し、戦後はアパレルメーカーを経営していたレオナルド・バニーさんは、89歳の時に陸を離れることを決め、2016年に95歳で心臓発作を起こしてカリブ海で亡くなるまで、一年の大半を海の上のクルーズ船で過ごしました。[★32]

65歳のマリオ・サルシードさんは、投資会社を経営していましたが、引退を機に全く違う生活をしたいと思い立ち、現在のクルーズ船に住む生活を始めました。マリオさんは短期、長期あわせて年間に80件ほどのクルーズツアーを予約します。そして、クルーズが終わると陸に上がって銀行に行ったり健康診断を受けたりします。年間の費用は6万ドルから7万ドル（1ドル=115円で約700万円から800万円）だそうです。[★33]

海上に住みたいという高齢者のために、客船の部屋を居住用に分譲しているクルーズ船もあります。「ms The World」には142の家族が居住しており、平均すると一年の半分くらいの期間を船の上で過ごしています。居住メンバーの平均年齢は64歳で、出身地は約

50%が北米、35%がヨーロッパ、15%がアジアやオーストラリアその他の国々です。[★34]

この船はレストランやプール、フィットネスセンター、サウナ、図書館や劇場などの施設を備えており、分譲価格は約1億円から8億円、維持費は購入価格の10〜15%だそうです。

欧州ではヨットや船も不動産と同様、居住する場所として売買されており、定年退職後に船の上に住み、各国を移動するシニアもいますが、船を所有してメンテナンスを行うことを考えると、こうしてクルーズ船に住んでしまった方が楽かもしれません。クルーズ船に部屋を購入して、自分が乗船しない間は人に貸している人もいます。

第7章

「暴走老人」にならないために

本書では、日本の老人が暴走してしまう理由を分析し、その一方で、なぜ欧州の老人たちが暴走しないのかということを見てきました。

最後に本書のまとめとして、暴走する老人にならないためにはどうしたら良いか、ということについて考えてみたいと思います。

楽しむことを忘れてはいけない

日本の老人が暴走してしまう背景には、社会に自分の居場所がないこと、経済的な不安があること、健康状態が良くないことなど、彼らが置かれているさまざまな状況が見え隠れします。

暴走する高齢者は寂しさや不安、不満の感情を抱いており、人生を楽しんでいるように見えません。誰かにかまってほしいために店員さんに文句をつけたり、駅員さんに暴言を吐いたり暴力をふるってしまったりするのです。

お年寄りたちがこのような境遇に追いやられてしまう背景には、日本社会の構造的な問題があり、社会保障が手薄なこと、格差がますます広がりつつあること、家族関係が希薄になっていることなどが関係していますが、それと同時に、今の老人たちが現役時代に仕事漬けだったため、自分が一体何が好きで、何をすると楽しいか分からないということもあるでしょう。

楽しむことが良しとされないような環境に何十年も置かれ、仕事以外にほとんど何もしてこなかったのですから、いきなり自由な環境に放り出されたら困惑するのは当たり前です。それが日々の不満につながり、彼らは暴走してしまうのです。

そうならないためには、現役時代から「楽しむこと」を忘れずに生活し、人生を送るべきではないでしょうか。

仕事はまず第一にお金を稼ぐ手段で、決して人生の目的ではありません。日常生活の中で「自分がちょっと好きなこと」をやってみる、考えてみることも大切な気がします。その積み重ねが、人生を楽しむことにつながるからです。好きなことをいろいろやってみると、自分が楽しいと感じることを発想しやすくなります。

以下は、自分が好きなことを明確にするための活動の例です。

・仕事の合間のちょっとした隙間時間に、好きな喫茶店に行ってみる
・好きな文房具を使う

・好きなものしか食べない
・好きな服しか着ない
・好きな仕事をする
・見栄えのいい靴ではなく、自分が心地よいと思う靴に履き替える
・少し高くても肌触りの良い下着をつける
・職場の飲み会では、愚痴ではなく自分や周囲が大笑いする話をしてみる
・毎月一回、何か新しいことに挑戦する
・学生時代に好きだったことを再開してみる
・人が行かないような国に突然行って、職場の机にその写真を飾っておく
・駐車場の守衛さんにあいさつして立ち話をしてみる
・全く違う業種の会合やセミナーにもぐり込んでみる
・外国人向けのスーパーでよく分からない食材を買ってみる
・ひとりで焼肉屋に行ってみる
・難解そうな学会に行ってみる
・「やりたいことリスト」を作り、それをどんどん実行してみる

例えば、「好きな仕事をする」。大半の人が、実は自分がそれほど好きではない仕事をしていたりします。しかし、「好きこそ物の上手なれ」ということわざがあるように、やはり自分が好きなことには他のことよりも良いパフォーマンスが発揮できる上、効率も良くなります。お金はあとから付いてきますし、気分が良くなるので、多少給料が下がったとしても、それがもたらす価値は何倍にもなるはずです。

「駐車場の守衛さんにあいさつして立ち話をしてみる」というのも、人生を豊かにする行動のひとつです。見ず知らずの人に話しかけたり、あいさつしたりすることは勇気が必要です。しかし、ちょっとした会話から思わぬ話題に発展し、人生のヒントを得られることもあります。なにより、人にあいさつをするのはとても気分が良いものです。

豊かな人生、豊かな老後を送るためには、常に何かしらの刺激が必要です。好奇心がある人は長生きしますし、常に何か違うことにチャレンジすることで脳は活性化します。「外国人向けのスーパーでよく分からない食材を買ってみる」のも、良い刺激になります。食材の使い方をお店の人に聞いてみたり、ネットで調べたりすることで、異なる食文化について学べますし、その国のことを知るきっかけにもなります。食卓も豊かになり、文化も学べて一石二鳥です。

「ひとりで焼肉屋に行ってみる」はちょっと不思議な感じがするかもしれませんが、いつも皆で行く店にあえてひとりで行ってみると、周囲をじっくり観察することができます。会話に耳を澄ましていると、今世間で流行しているもの、その家族が抱えている問題、店で人気のメニューなどが分かり、なかなか面白いものです。何気なく耳にはさんだことがヒントとなり、さらに興味が持てることを発見することもあるでしょう。

また、「難解そうな学会に行ってみる」のも、新鮮な体験です。技術系の展示会やアカデミックな学会は、一般の人でも無料で参加できるものが結構あります。有料のものでも、それほど費用がかからない場合もあります。

医学や科学、物理、宇宙、ＩＴなどの専門性の高い分野は、最初は話を聞いてもチンプンカンプンですが、何回かイベントに参加したり、自分で補足資料を読んだりすることでなんとなく内容が分かってきます。

自分がいままで知らなかった分野について学ぶことは、脳の刺激になりますし、そこから投資やビジネスのヒントを得られることもあるので、大変実用的な趣味で、自分が興味を持てそうなことを探す手がかりにもなります。

会社以外の居場所を作ろう

引退後の生活で重要なのは、仕事以外の楽しみがあるかどうかです。

日本人は現役時代には仕事に忙殺されて、無趣味になってしまいがちですが、日ごろから趣味や仲間との活動を通して自分の居場所を作っておくことはとても大切です。老人が暴走するのは孤独だからであり、心身の健康にとっても孤独は最も危険な因子のひとつです。人間関係を会社の中だけに閉じてしまってはいけません。

欧州では若い頃からさまざまな活動に参加して、会社以外の自分の居場所や損得関係のない仲間を作ります。必ずしも組織の一員にならなくてはいけないわけではなく、イベントに参加するだけでも構いません。

以下は、会社以外の居場所を作る活動の例であり、実際に欧州に存在するものです。

・歴史的建造物の保存会
・映画館運営のボランティア
・外国人に言葉を教える

・機関車を保存して走らせる会
・外国人旅行者向けのニッチな観光ガイド（例えば、清掃工場めぐり）
・高齢者向けの運転代行や買い物ボランティア
・歴史的合戦を再現する会
・電子工作の会
・詩の朗読会

以上は割と普通ですが、詩以外にも、ゴシップ週刊誌や官能小説の朗読会のほか、マンションポエム（大げさなマンション販売のチラシ）を朗読する会もあります。

もう少しマニアックになると、次のような活動になります。

・コスプレ
・海外のコミックコンベンションに参加する
・漫画の描き方を学ぶ
・コミケにブースを出して日本人形を売る
・皇室や王室の追っかけ

・テルミン演奏
・郵便箱の写真を集める
・缶ジュース収集
・巨大な野菜やマニアックな植物の栽培
・耕運機を走らせる会
・ニュースやお天気中継の後ろに出没する

さらに趣味を追求した、以下のような活動もあります。

・耳かきについて語り合う会
・自動販売機の観察および訪問
・廃ガソリンスタンド巡り
・信号機を観察する会
・横断歩道を観察する会
・定礎《ていそ》版の探訪
・団地を愛でる会

・川下りをしながらアイロンをかける

ちなみに、「定礎」とは建築の土台となる礎石《そせき》を定めることで、「定礎版」は日本でもビルやマンション等の建物の下によく見かける「定礎」と書かれた石です。石の中には金属製の定礎箱が埋め込まれ、建物の図面などがタイムカプセルのように入れられていることもあります。

また、現在はソーシャルメディアやブログを使って、不特定多数の人とつながることが可能です。ネット上で同じことに興味がある人と知り合って、話をすれば、仲間を作ることができます。

例えば、次のような活動が考えられます。

・ネットでＤＪをやる
・自作の曲をアップする
・動画を編集してYouTubeにアップする
・郷土史やニッチな事柄（下水道の歴史など）を調べてネットにアップする

ただし、ソーシャルメディアの使い方には特に注意が必要で、「自分はこんなにすごい」と自慢する場になってしまってはいけません。自慢競争をしていたら疲れてしまいますから、あくまで自分が楽しいと思うような使い方をするべきでしょう。

そして一番のポイントは、見たり聞いたり読んだりするだけではなく、自分からさまざまなことを発信してみることです。予想外の反応を得られることもあり、それが単調になりがちな生活に潤いを与えてくれます。

肩書を気にするのをやめる

かつては自らのアイデンティティーの一部であった職業名や肩書がなくなってしまうことも、老人たちの暴走を引き起こす一因になっているかもしれません。しかし、現役時代から肩書など気にしなければ、そんなことは起こりません。

人間は思った以上に自分や他人の肩書や外見にとらわれています。それをやめてしまえば、気持ちがとても自由になりますし、人の本質が見えてきます。まずは、私は何々社の誰それです、と自己紹介するのをやめてみましょう。

仕事の肩書は所詮、引退してしまったら通用しません。日本で高齢の方にお会いすると割とよくあるパターンが、私は元何々会社の部長をやっていました、などといった自己紹介をする人です。会社名がまず最初にきてしまうのです。

しかし、仕事をリタイアしたらそんなことは関係ありません。相手と良い人間関係を築くために、まず自分がどんな人間であるか、何が好きかといったことを、上手に表現できるようになる必要があります。

働き過ぎは万病のもと

ハッピーなシニアライフを送るためには、何といっても健康が一番大事です。健康であれば、お金を稼ぐことだってできますし、充実した生活を送るためにいろいろ努力することも可能です。しかし、病気を抱えていたり、体のあちこちが痛むような状況では、なかなかそうもいきません。不健康だと医療費もかかります。

日本は長寿大国ですが、実は健康的に年をとることができている人はそれほど多くありません。医療機関が発達しているため、手厚い治療を受けられますが、なにぶん現役時代の仕事があまりも激務だったため、その後遺症で体を壊してしまう人が少なくありません。

私の父も、仕事の無理がたたり倒れてしまい、脳外傷を負い、その後脳出血を発症して認知症になってしまいました。今では車椅子で生活しており、話をすることすら難しい状況です。

父は、現役時代は自分は健康だと自認し、健康診断の結果もよく、お酒もあまり飲まない人でしたが、健康を過信して無理を続けていると、年をとってから大きなしっぺ返しを食います。

ハッピーなシニアになるためには、仕事は生活を維持する程度にほどほどにしておき、仕事だけに生きがいやアイデンティティーを求めない方が、長い目で見ると幸せな生活を送れるはずです。

不真面目になろう

日本人の多くは真面目すぎます。

真面目なので仕事を必要以上に頑張ってしまい、その結果健康を害して倒れてしまいます。真面目すぎるので、ちょっとしたことを思い詰めて悩んでしまいます。真面目なので周囲の人の目など、些細《ささい》なことが気になってストレスをため込んでしまいます。

しかしこれが積み重なっていくと、年をとってから不安や不満を抱えるアンハッピーな性格になってしまいます。それでは何のために生きているのか分かりません。

この本でもご紹介してきたように、欧州の高齢者たちは年をとってから暴走したりしませんが、その理由のひとつは、彼らがとても「不真面目」である点です。これは悪い意味ではなく、何でも物事をほどほどにやっているということです。細かいことやネガティブなことは突き詰めて真剣に考えず、自分ではどうにもならないことは最初から諦めて「そういうものさ」とおおらかに過ごしています。

そして、仕事をするときも、家事をやるのにも、とにかくどうしたら楽にできるかということばかり考えています。

よく日本は他国に比べて生産性が低いということが言われますが、生産性というのはインプット（労力と投入物）とアウトプット（価値）の比率を示したものです。

つまり、アウトプットに対してインプットが少なければ少ないほど効率が良くなり、生産性が高まるわけです。これはどういうことかというと、成果が同じであればうまく手抜きをするほど生産性が上がるということです。欧州がデータの上で生産性が高いのは、日本に比べるとやることを極力省いて「手抜き」をしているからです。

ちなみに、日本は北米や欧州ほどＩＴ技術が進んでいませんが、なぜでしょうか。諸外国では常にどうやって「手抜き」をするかということばかり考えているので、そのための便利な道具であるITの活用が進みます。

　ところが、日本人は「くそ真面目」ですから、何でも自分でやろうとします。そのため、ITの開発も導入もなかなか進まないというわけです。これは教育がどうとか、人材活用がどうという話ではなく、この根源的な哲学の違いによるものです。

　日本人から見ると、外国人は大変ナマケモノで手抜きが大好きな人たちに見えますが、個人の幸せや満足という観点からみると、そういったナマケや杜撰《ずさん》さというのは、実はとても良いことです。

　日本人は赤ん坊の頃から何でも真面目にやることを強いられているため、不真面目になることが大変苦手ですが、ハッピーなシニアライフを過ごしたいのであれば、若いうちから常に「いかに怠けるか」ということを考える訓練が必要なように思います。

　例えば、今日は寒いなと思ったら、出かけるのをやめてしまうとか、すごく面倒な書類仕事があったら、どうしたら楽に処理できるかということに頭を使うとか、やりたくないことがあったら、人をおだてて何とかやってもらう、食事を作る際にはいかに洗い物を減らすかを考えるなど、ちょっとしたことです。特に家事などは、多少手抜きをしても死ぬことはありませんから大丈夫です。

　この積み重ねで、立派な不真面目人間が出来上がります。こういう不真面目人間は、自分の幸福のことは一生懸命考えていても、他人がどう思うかなんてどうでもいいと思っていますので、とても楽しい毎日を送ることができます。

自然の流れに逆らわない

日本の老人が暴走してしまうもうひとつの理由に、自然の摂理を受け入れられないということがあるのではないでしょうか。

日本は近代以降、さまざまな医療技術が開発され、人間は常に若く健康であるべきだという考え方がまるで宗教のようにはびこっています。しかしながら、人間というのは単なる生物に過ぎず、地球上の自然を構成する要素のひとつに過ぎません。アンドロイドのようにいつまでも若くあることなど無理です。

生きとし生けるものは必ず朽ち果てます。

それが自然の流れというものです。

70年ぐらい前の日本は大変貧しく、医療技術も発達していなかったため、出生や死というのも今よりずっと身近なものでした。自分の家で子供を産み、年老いた老人を看取るのが当たり前でしたし、終戦直後には路上で亡くなっている人もいました。病気も多く、幼い子供が簡単に死んでしまうことも珍しくありませんでした。人が今のように長く生きるようになったのは、ほんのここ数十年の話です。

ところが、多くの人がそのことを忘れてしまい、生物としての自然のサイクルというものを見失っているように見えます。そのために自分が年をとって、そのサイクルの一部だということを認めたくないのです。

高齢者だけでなく、周囲の家族もそれを受け入れることが簡単ではなくなっています。最も象徴的なのが、病院における高齢者の過剰医療や延命治療です。お金さえ出せば、いくらでも治療を受けることができるため、口から食べ物を食べられなくなっても、胃にチューブを通して栄養を直接送り込んで生きながらえますが、そんなことはつい最近まで普通ではありませんでした。

医療費が限られている欧州では、そこまでして延命治療はしませんし、高齢者の方も最初から諦めているというか、自然の摂理に逆らうのはよろしくないという感覚がまだまだあるらしく、自分の状況というのを割と素直に受け入れているように感じます。

私自身は現在40代前半で、白髪を発見したり、歯科医院で歯茎がやせていると言われたりすると大変ショックですが、これも自然の摂理であり、誰でも老化するのだということを忘れないようにしたいと思います。

私個人として、こうした変化を受け入れるのに役立っていると思うのは、動植物の世話をすることです。一年という季節のサイクルを何度か経験すると、生物というのはこういうものなんだということが何となく納得できるようになります。以前は、畑仕事などには全く興味がなかったのですが、自分が自然のシステムの一部だということを受け入れるために、最近ではなるべく土を触るようにしています。

山を歩く、海に潜る、自然災害のあった現場を訪ねる、廃墟と化した遺跡や寺を見に行く、といったことを繰り返すことによって、何とか自分を納得させられるようになる気がするのです。

おわりに

本書は、日本の高齢者を取り巻くさまざまな状況から、お年寄りたちが暴走してしまう原因を探ってきました。

年をとると誰でも認知機能が低下し、自分を取り巻く環境も変化するため、どうしても不平不満がたまりやすくなります。しかしそれだけでなく、本書で見てきたように、日本の高齢者は、豊かな国に住んでいるにもかかわらず、実は経済的、社会的に疎外されている人が少なくありません。このことは、彼らが高齢だから暴走しているわけではなく、外部環境が大きな要因になっていることを示しています。特に経済的な疎外は、近年の日本の経済環境悪化や格差の拡大によってもたらされています。

ですから、もし街なかで暴走する老人を見かけたら、その人物の性格や人となりだけを批判するのではなく、何が彼にそうさせてしまっているのかということも考えていただきたいのです。

これは実は若い人にとっても大変重要なことです。なぜなら、やがて現在の若者たちも高齢になり、日本の経済環境は今後ますます悪化していくことが考えられるため、自分たちも厳しい状況に置かれる可能性が高いからです。つまり、現在暴走している高齢者のことを考えることは自分たちのためでもあるのです。

また、老後の準備にあたっては、お金の管理に関して日本人よりもはるかにシビアなイギリスの高齢者たちから学ぶことはたくさんあります。イギリスは日本のように80年代から90年代にかけてのバブル経済を経験しておらず、70年代には不況に苦しみましたから、節約や資産形成について真剣に考える人が少なくありません。

老後の人生を豊かにしたいのであれば、会社や国に期待するだけでなく、自らの経済環境をどうしていきたいのか、自分自身でなるべく早い時期から考えることが必要です。個人が自立して自らの生活を豊かにする方法を考えることは地域全体、ひいては国全体が豊かになることにつながりますので、立派な社会貢献になります。

さらに、日本人にとって特に重要なのは、人生を楽しむことをもっと優先することです。いつも気真面目な態度を要求されるため、日本の職場はまるで仕事イコール人生のような雰囲気がありますが、それでは仕事をリタイアした時に自分が一体何をしたいのかが分からなくなってしまいます。普段から自分の人生の中で何を優先すべきかを考えておくべきでしょう。そして何事もほどほどに、自分の力が及ばないことについては早々に諦めましょう。

最後に、日本では近年、暴走する高齢者のみならず、さまざまな人に対して不寛容な人が増えているように思います。経済状況が逼迫《ひっぱく》していることもその理由のひとつでしょう。しかしながら、自分が高齢になった時にもっと良い社会が実現していてほしいのであれば、日々の生活で、まず自分が周囲の人に対して寛容な心を持つことが大事です。いつどこで自分が他人と同じ立場に陥るかは分かりません。他者に寛容であることは、自分自身を助けることにもつながるのです。

2018年9月　ロンドンにて

谷本真由美

★18—http://www.britishmuseum.org/membership.aspx
★19—https://www.oecd.org/els/health-systems/Health-at-a-Glance-Europe-2016-CHARTSET.pdf
★20—http://www.mhlw.go.jp/file/05-Shingikai-10801000-Iseikyoku-Soumuka/0000111914.pdf
★21—https://www.mof.go.jp/budget/fiscal_condition/related_data/201604_kakuron.pdf
★22—http://www.sps.ed.ac.uk/__data/assets/pdf_file/0015/38202/B._Palier_presentation_German_pension_reform.pdf
★23—https://www.nytimes.com/2015/06/09/world/europe/greece-pensions-debt-negotiations-alexis-tsipras.html?_r=0
★24—https://us.spindices.com/documents/spiva/spiva-us-year-end-2016.pdf
★25—http://www.telegraph.co.uk/investing/news/classic-cars-top-alternative-investment-asset-classes-192pc/
★26—https://www.coutts.com/insight-articles/news/2017/coutts-passion-assets-index-2017.html
★27—http://dailym.ai/1lybMO3
★28—https://www.express.co.uk/travel/articles/752360/year-cruise-ship-cheaper-than-land
★29—http://home.bt.com/lifestyle/money/mortgages-bills/care-homes-abroad-how-do-they-compare-to-the-uk-on-cost-and-facilities-11364144486731
★30—http://www.eng.baanmeesuk-nursinghome.com/
★31—https://visual.ons.gov.uk/pensioners-in-the-eu-and-uk/
★32—http://www.independent.co.uk/travel/news-and-advice/cruise-ship-what-it-is-like-to-live-full-time-the-world-leonard-berney-a6926586.html
★33—https://www.cntraveler.com/stories/2016-05-06/this-man-has-been-living-on-cruise-ships-for-twenty-years
★34—http://www.cruisemapper.com/ships/ms-The-World-1119

引用元・参考サイト

本書のご購入者は、下記URLから申請していただければ、引用元・参考サイトのURLをまとめたリンク集をメールで自動配信いたします。

申請サイトURL　https://www.asahipress.com/3ed/bosolink/

【注意】本書初版第1刷の刊行日より1年を経過した後は、告知なしに上記申請サイトを削除したり、リンク集の配布をとりやめたりする場合があります。あらかじめご了承ください。

★1—http://www.stat.go.jp/data/topics/topi1031.html

★2—http://www.moj.go.jp/content/001208852.pdf

★3—https://www.kotsu.metro.tokyo.jp/pickup_information/news/subway/2018/sub_p_201807098086_h.html

★4—http://www.bbc.co.uk/programmes/p051tr39

★5—http://www.dailymail.co.uk/health/article-5273053/The-woman-battles-dementia-Post-notes.htm

★6—http://www.dementiaadventure.co.uk/

★7—https://www.senior-railcard.co.uk/offers-and-rewards/competitions/over-active-pensioner

★8—https://www.ageuk.org.uk

★9—https://allabout.co.jp/gm/gc/461640/

★10—http://www.chusho.meti.go.jp/koukai/chousa/chushoKigyouZentai9wari.pdf

★11—http://www.nenshuu.net/salary/contents/jigyousho_kibo.php

★12—https://denki.insweb.co.jp/denkiryoukin-suii.html

★13—https://www.mof.go.jp/pri/research/special_report/f01_2013_09.pdf

★14—http://www.news-postseven.com/archives/20160404_399485.html

★15—http://www.moj.go.jp/content/000010212.pdf

★16—https://www.mckinsey.com/~/media/McKinsey/Featured%20Insights/Europe/The%20graying%20of%20Europe/MGI_How_aging_European_populations_will_threaten_living_standards_perspective.ashx

★17—https://dot.asahi.com/aera/2016092000250.html?page=1

谷本真由美（たにもと・まゆみ）

神奈川県生まれ。シラキュース大学Maxwell School of Citizenship and Public Affairs（国際関係論）修士課程、シラキュース大学School of Information Studies（情報管理学）修士課程修了。ITベンチャー、経営コンサルティングファーム、国連専門機関（FAO）の情報通信官などを経て、現在情報通信サービスのコンサルティング業務に従事。ロンドン在住。趣味はハードロック/ヘビーメタル鑑賞、漫画、料理。著書に『ノマドと社畜　～ポスト3.11の働き方を真剣に考える』『添削！日本人英語』（ともに弊社刊）、『日本が世界一「貧しい」国である件について』（祥伝社）、『キャリアポルノは人生の無駄だ』（朝日新聞出版）、『日本の女性がグローバル社会で戦う方法』（大和書房）など多数。
ツイッターID　@May_Roma

脱！暴走老人

英国に学ぶ「成熟社会」のシニアライフ

2018年10月30日　初版第1刷発行

著者　谷本真由美
発行者　原 雅久
発行所　株式会社 朝日出版社
〒101-0065　東京都千代田区西神田3-3-5
TEL: 03-3263-3321　FAX: 03-5226-9599
http://www.asahipress.com

ブックデザイン　阿部太一 [TAICHI ABE DESIGN INC.]
DTP　メディアアート

印刷・製本　図書印刷株式会社

ISBN978-4-255-01083-0 C0036